辣椒醬

黃尊聖　著

黃尊聖　出版

低風險創業
CONNECT
打好關係
快樂使命
矽谷思維
動機迷思
敏捷

辣椒醬

自序

我科大畢業，我可以與國內外的一流精英一起工作。

從十三歲開始，我歷經了洗衣店燙衣員、作業員、製圖員、開發副工程師、宿舍管理員、加油員、KTV服務生、茶藝館服務生、酒店服務生、夜市攤老闆、家教、接案製圖工作後，我才如願的取得國立科大（日校）的學士學位。

學士後，經歷了設備工程師、研發工程師、機構工程師、半導體業務支援工程師，我才終於發現我必須要出版書籍的這件事情。

經歷了管理職的工作經驗之後，時隔多年後的今天，我決定出版這本書，與大家分享我的人生經歷。

對於我的人生經歷，我只想說感謝。

作者　黃尊聖

恭喜你！

你即將成爲公司的機台講師

阿母……我可以出書了！

滿天星夜之空軍十一號

等兵單！等到了年底，我怎麼記得我抽到的是「空軍十一號」，二姐笑著問說怎麼沒抽到「空軍一號」？我想我可沒那麼的走運。

終於接到了兵單，愛計劃的我正做著美夢，退伍後如果有錢就考插大，我明明英文很爛、考個屁！提早訂定計劃，望「天公伯呀」保庇。

當兵嘛！一直都是那一回事，可是爲什麼呢？我爲什麼總覺得，當兵就是：吃好、睡好、每天一直運動呢？

新兵完訓合影

輔導長說：你嚴重幻想了，差點帶我去找醫官。

其實我是想簽三年半、轉軍官。偏偏年底一到、空軍就是沒有缺，缺錢缺很大的我，只能乖乖的下部隊。

當兵嘛！還是得要乖。

抽生死簽的時候到了，能否上天堂，全看這一把！

天呀：我抽到了天堂簽！

離家最近的營區啦！

高興了十分鐘而已，真的就只有高興了十分鐘而已。

號令三軍的哨子在我完全進入天堂夢的時候，發出了超過飛機起降的分貝數「B…」，第二排集合…

班長大聲的喊：剛剛搯籤的弟兄作籤！他將自己的戶藉地

籤揉成了一團，抽了出來！班長又大聲的喊：十分鐘後重抽！

內心開始禱告著：讓我再一次抽到天堂簽吧：

多年後的今天、我終於懂了，爲何禱告失效？

我應該求「天公伯呀」，我明明是拿香的，這麼緊要的關頭，我竟然忘了，枉我從小住在土地公廟旁邊，至少也求一下土地公嘛。

隨著來領兵的士官長上了火車，眞慶幸是火車而不是西一三零運輸機。我們都記得拿到「金馬獎」的同梯，通常在那個夜晚，都會向班長要一根煙，無論抽不抽煙。

火車一路南下、過了高雄又經過了屏東，到了台東知本的時候，士官長喃喃的說了起來：來這裡不曉得多少年了、不曉得泡了多少次的知本溫泉了、泡到屁股都爛了。

進到了空軍基地，選兵的時候到了。我在特殊專長的欄位上塡著「燙衣服」。馬上有一位上士與一位上兵走了過來、並對我說：跟我們走吧，恭喜你成爲聯隊長的勤務兵，因爲你會燙衣服。（聯隊長：少將官階）

阿母：我出運了啦：我只要幫聯隊長打掃跟燙衣服就可以了：。

救命呀！　又來了！

我看到一顆梅花（少校官階）開著戰鬥機飛了過來，您一定明白的，他是用飛的！

一開口就說：這兩位小朋友，他是我們的專長兵，你們想要幹什麼（音量瞬間放大了）。看來我還是須要面對我的專業。

通常還是有人會極力的想救我，我看到了三根棍子（上尉官階）開著車過來了。

請記得：在空軍基地裡面，天上飛的，一定比較大。（少校官階比上尉高一階）。

余總班長，人帶來了喔！念機械的大專兵。原來是因為大專兵，不然依我的命格看來，可能在跳「炮操」。

總班長：跟總工程師類似的職位，一等士官長，可能只比聯隊長小，因為他快退伍了。

炮操：空軍最操的「防炮」單位的操練

電視跟電影的情節裡面，是不是三不五時會出現有人在機場指揮著戰鬥機。我來到了空軍基地「機務室」的單位，這個單位很特別，負責戰鬥機的地面指揮、檢查與一般耗材的更換。

天呀：這個基地有美女飛官耶：，跟我比「天兵」的同梯跑過來跟我說，趕快、我也衝去看了一下美女飛官。

我的天呀：果然美如天仙，正所謂當兵兩三年，母豬賽：

咳：這我可就不同意了，我們才當兵一個月就下部隊了，並且竟然又是我最愛的高材生，據說是台師大畢業的，眞的很漂亮。我們永遠不會記得那一位飛官的技術最好，但一定會記得美女飛官，而且她的飛行技術很好，與F16戰隊進行空中纏鬥演練的時候順利的擊落兩架，全聯隊都有聽到這個傳聞。

我的同梯，很賤的一個人，他就是命好、他一下部隊就被選進去了爽爽班。只有「爽」的一個字可以形容他的當兵生活，明明站在飛機的旁邊，可是他就是有可能突然將手伸進口袋，然後拿出一顆饅頭咬一口、再快速的放回去口袋，這動作眞的讓我笑到吐子痛。

這經典的饅頭咬一口的動作，代價是三天的禁閉，他老是在飛機的旁邊幹這種事情，到退伍前他仍然沒被抓到過，他說：我的眼睛是雪亮的。那麼特別的人才，我幫他取了個外號叫「山高日安」，爲何呢？山高般的紀律、日日安的優閒。這才是當兵嘛。

二老闆來了（機務長底下的機務官），余老總，聽說今天來了二個新兵？有沒有帶他們去摸一下飛機，能摸到飛機是我們軍人至高無上的榮耀，其實我跟同梯的「山高日安」一直站在旁邊，余老總說：有空就帶他們去逛一下。二老闆的話簡直讓我像被催眠般的神奇，對念機械的我來說，飛機猶如天神般的機器。

在開始受訓的時期，一直沒有機會摸的到，有一次偷偷摸摸的接近它，趁著四下無人的狀況下，偷偷的摸了一下，然後在旁邊偷笑了三分鐘。這個時候上士學長走了出來：喂！你偷摸飛機喔。不是啦！二老闆說可以摸的到飛機是軍人至高無上的榮耀。

在念書方面仍然不太行的我，劉總（余總的學長，訓練教官、一等士官長）一天到晚叫我們背一些戰鬥機的專業知識，一下發動機一下又是起落架的，然後又是液壓油、胎壓打多少的：，相關的知識又全部都要背起來，眞爲難我這個大專兵了，考試沒有八十分的話要打飯一個禮拜，重點是面子問題。

機務室報到的第一天老總就有問了，當兵前在幹什麼？我回答我在酒店端盤子。其實我在阿公店端盤子，只是如果回答我在阿公店端盤子，可能還要解釋很久，什麼是阿公店。

如同考試不能不及格般的痛苦，其實煙抽太多對記憶力會有影響（當兵前，每天平均抽兩三包煙）。死了：完全背不起來，只剩下理由與藉口。小學長「謙仔」偏偏又很會背。

怪了：「謙仔」他爲什麼也念私立二專？原來呀：他高三的時候交了女朋友，謙仔臭屁的說過，高三的時候女朋友就約他去轉大人了，所以只好也念私立二專，就說嘛：不要那麼年輕就交女朋友嘛。那我怎麼辦？這個死謙仔一天到晚都考滿分，是想逼死誰啦！劉總又說了：不夠優秀不可以摸飛機呀：誰跑去偷摸飛機了！

天呀！

眞的跟電視與電影上看到的一樣，指揮飛機也是其中的一項工作，規定上，那個工作原本只給受過專業訓練的職業軍人，而我：大專畢業的專長兵嘛，受訓三個月評定合格後就上場幫忙工作。

每天、每週的重點技術指導持續精進著我們的技術。「炸鬼」學長說，照著技術手冊上寫的內容進行檢查即可，其他的只是多作的，例行檢查，我們只負責飛行前、中、後檢查，不負責定期檢查，但是通常都會超出飛行檢查的檢查範圍。

話說技術命令，其實就是SOP(作業標準書)。雖然受訓期間只有三個月，對我們而言也是足夠的。就這樣的跟職業軍人一起工作。其實像我們這種大專畢業的專長兵，專業知識肯定比年輕的職業軍人來的足夠。

漸漸的分擔了學長的工作，學長也不准我再喊「學長好！」這三個字。台東的學長，很多都是原住民，也是原住民當中的高知識份子，有的英文程度很好，有的機械知識非常了得，從他們身上學到了很多，也讓我很清楚自己的不足。

更清楚到種族上的差異，並不代表學術與知識水準的差異，東部的資源與師資的匱乏，相信已經是過時的傳聞。很多學長因爲想留在東部工作，選擇了空軍後勤單位工作，雖然不輕鬆，但爲了在家鄉工作，空軍對他們而言確實也是非常不錯的選擇。

想起了專科時代的尾聲階段，阿國、小柯、阿信與我。我們幾個人選擇了逃脫群體（其實只有我，畢旅的時候我跑去打工了，他們陪我二度畢旅）。來了個畢旅自由行。

一路南下，過了台南到了高雄，直接衝到了墾丁，非假日嘛，墾丁大街的街上人不多，也正符合我們想要清靜一下的心情，晚上當然就住進了便宜的警察會館，雖然我們不是警察也跟警察毫無關係，其實我也不記得是哪位同學幫我們訂的。

大街上看到了幾間PUB，我嘛…從小就喜歡唱歌跳舞的，於是，就拉了他們幾個人進了其中一間PUB，剛學了新舞步的我，就開始教他們怎麼跳舞。

結束了墾丁的旅行，我們持續的向我們未知的未來前進，下了台東火車站，搭上了前往綠島的遊艇。「阿信」想起了那兩年，全世界最火紅的電影（鐵達尼號），也唱起了鐵達尼的主題曲，阿信的英文程度十分的了得，然後說起了：我們剛剛去賭場玩了撲克牌，贏了船票、上了船，即將前往新大陸。

在綠島這座小島上，我將最後的錢給每個人各買了一瓶啤酒，我們把錢花光了，眞的回不了台灣了！「小柯」只好打電話回家，叫他老媽馬上匯錢給他。

但是呢，我們晚上還是沒有錢可以住旅館，我們幾個人瘋狂的衝到了小學的教室外的洗手台洗澡，提早實習了當兵的戰鬥澡，晚上就將就的睡在了海岸邊的長椅上。似乎就是體驗了流浪漢的生活。

回到了台灣，再次踏上了台灣的土地，「小柯」被他老媽罵了一頓而大聲的喊：

回台灣眞好！

租了機車，來了個台東一日遊，去到了小野柳、走到了台東空軍基地的門口，我下意識的跟他們說：我才不要來空軍當兵（其實，我的心裡，正在作夢，如果能抽到空軍那就太好了）。結果幾個月後我眞的抽到空軍，那就算了，還來到了同一個營區，那趟旅行正如同當兵前的探路，巧合亦是機緣。

台東除了知本溫泉、初鹿牧場以外最出名的莫過於炸寒單爺，到了台東：除了一定要去知本泡溫泉以外，當然一定要去看看，炸寒單爺的盛況。「老闆」學長，他是早我兩梯的學長，常跟我比拼技術知識也是跟我同校畢業的同學。

史班長交代：由「阿強」與「小畢」兩位學長帶我們兩個出去走走。又來到了PUB，瘋狂跳舞的我，連被一票美麗的原住民女孩包圍了都不知道，難得幾時如此幸福。「阿強」學長看不下去的走過來把我拉出人群，畢竟學長還是得要負責我們的安全。

炸寒單爺，有炸流氓神的傳說，除了鞭炮聲驚人以外、所到之處鞭炮灰都淹過腳掌，或許正如同金銀財寶淹過腳掌之意，所以我認爲炸寒單爺有如炸財神般的吸引人。

機務室的工作仍然十分的忙碌，每天看著一架架的飛機起降，從偷偷摸摸的摸飛機到不能不摸飛機，指揮飛機的各項動作，就像是在飛機的前端跳舞般的優雅。機務室的工作最大的好處，就是偷福利好，對我們這種小兵來說，忙碌的工作之餘、時有烤肉活動、時有慶祝活動，常常跟著飛官眞的有吃好。

下了部隊的我，仍然缺錢的我，還是記得要簽三年半的計劃，一問之下，連隊長都幫忙問了，可惜沒有缺就是沒有缺，明年，請早：人事官是這麼的說的。放棄了簽三年半的計劃之後，緊接著迎之而來的是中隊旅遊。

想不到當兵也有中隊旅遊這種事情，跟員工旅遊一模一樣。單位內分兩批，我們那一批去了綠島，在水上活動後，晚上就烤肉、喝酒、唱歌，更想不到的是原住民學長連吉他都帶了。從原住民歌、國語歌、台語歌、英文歌唱到了客家歌。

那一天我完成了階段性的飛機檢查，慢條斯理的走回機務室（訓練教室），突然發現了最令我害怕的動物「蛇」，竟然有一隻蛇躲在機務室門口的水溝裡面，讓我瞬間腳軟的走進機務室，爲了安全起見，我跟大家說：門口水溝裡面有一條蛇。

一群學長衝了出去，後來聽說原住民最喜歡吃蛇。才三兩下的功夫而已，「阿德」學長已經將那條蛇抓住了，完全沒有被咬到。學長們說那是一條草蛇，部隊傳說中草蛇是土地公所養的寵物蛇。

有學長一聽說是草蛇，馬上報告了機頭（機務長），我們機頭立刻下命令：放回草叢裡（放生之意）。後來有學長跟我說，之前別隊的學長抓了蛇煮湯之後，他們隊的飛機就掉了。所以說，有些事完全不能「鐵齒」的，不然的話學長們其實很想喝一下蛇湯的。

接連幾天的夜航與早班，讓我精疲力盡。每當夜航結束後，我總是邊聽著我喜歡的幾首歌曲、邊走回宿舍，在暗黑的夜裡、每當我抬起頭，我所看到的竟都是完美的星空，我稱那奇景爲「滿天星夜」，每當我看了「滿天星夜」的夜景之後，愉悅的心情都可以讓我瞬間消除所有的疲勞。

這天，我照常的在飛機起飛之後躺在機堡內就睡著了。一樣的夢境，夢見了我在高山裡的一座廟宇前看著雲海，這個夢從小到大三不五時總會出現，我想那可能是在我幼年時期所去過的一間廟。

睡夢當中，耳邊突然傳來了發動機的巨大聲響，張開雙眼後發現原來只是個夢，但卻是惡夢的開端，機上三加一顆的梅花正看著我（前座一顆梅花、少校官階，後座三顆梅花、上校官階），我從地上跳了起來，馬上衝到飛機前面，指揮著飛機前進到定位。（做這一場夢的代價可能是一週的禁閉）

上校下了飛機就問：是不是早班？

我回答：報告是，昨天夜航、今天早班、四點就起床了。

上校說：辛苦了！（聲音渾厚而且有力）。

似夢、非夢、似美夢。

接連幾天的大雨，讓台灣緩和了缺水的問題。只要一下雨、原則上都是我們最快樂的日子，第一點：只要在機務室裡面受訓上課即可，第二點：晚上可以準時下班，今天又來到了可以休息的日子了。

下班後打了電話給「阿如」（空軍稱為下班），這回是她媽媽接的電話，她媽媽說：「阿如」今天結婚了。

第一次跟「阿如」的約會，那是在我十七歲，剛開始從事電腦繪圖工作的時候。她坐上了我的摩托車，我帶她去了台中的民歌餐廳。那是我那一群師父們喜歡去的地方，也是師父們帶我去的地方，我點了兩首歌給她聽。

她那時白天在工廠從事會計的工作，她念的是補校的會計科。逛著逛著，她突然間的蹲了下來，我不知所措，只是問了問她是不是很累，她瘦到貧血。

念二專的時候，朋友約了我們去看鐵達尼號，劇情到了一半「阿如」她就開始哭了，哭到抽蓄，直到散場。當時的我眞的也不能夠理解，是什麼樣的原因。現在的我，也只能猜測可能是什麼樣的原因觸動了她的心。當然，我們最終選擇前往各自的人生旅程。

那個時候「老闆」教我一首詩。

曾經滄海難爲水，
除卻巫山不是雲。
取次花叢懶回顧，
半緣修道半緣君。

他們以爲我很傷心，但，我並沒有那麼的在意，有人可以很好的照顧好我的一位好朋友，沒有什麼可以値得讓我傷心的事情，我當然帶著絕對的祝福。

爲什麼寫上來？

男人永遠不會忘了自己的初戀

（字數不太夠）

其實，「老闆」學長才是跟我一起補充職業軍人人力不足的一位，「謙仔」在完訓後直接被調去負責文書的工作。

這天晚上，深夜的睡夢之中，突然間「老闆」開始用力的搖我的床，我開始罵了起來：死「老闆」：你搖我的床幹什麼啦：「老闆」說：您老師來啦：地震啦：誰搖你你的床啦：。互罵完之後我們就又睡著了。

九二一大地震。機頭說：昨天晚上，新來的保防官一個人衝出了宿舍，看著天搖地動的天與地，就是沒有看見我們一機務室有人跟他一樣衝出宿舍。

看來我們的部隊不夠精實，接下來我們等候長官的指示，如果須要配合救災，我們就配合救災。但是台東地區這回沒什麼狀況，可能不會調動我們救災，住台北跟南投的弟兄趕快打電話回家問問狀況。

在大雨之中，我們又繼續著進行飛機的小保養。隔幾天一早我發現了進氣管內有亮點，二話不說，我馬上爬了進去，這進去一看，發現了第一層葉片全掛了，全部都有破損的傷痕。這次我真的腳軟了，出了進氣管，馬上跟班長連絡，報告情況，並請他立刻過來一趟。

班長（士官長）一到馬上就開口說：這不是大功就是大過，班長一邊說一邊除去身上的所有異物之後，馬上爬進了進氣管、過了兩分鐘又爬出來。隔了十分鐘左右，機頭與一群高階長官都來了，並且全部都爬進去看了一下。

發動機拆解後發現三百多片葉片無一完好，這次的異物入侵我獲得了六天的榮譽假，確實執行檢查勤務，發現重大問題而避免飛安事故發生。連同我曾獲得大隊主檢第一名的殊榮與其他功績，退伍前，我一共獲得二十二天榮譽假。我似乎成功了，在部隊我獲得了人生中第一次的第一名。

莫名的，我開始哭了起來，印象之中，那一次我在寢室連哭了三天二夜。班長問我到底想要什麼？帶我去找快樂好嗎？可以減輕我的壓力嗎？

在那三天之中，我不斷的回想著我的過去，述說著我的過去。那三天我發現了，我一路走來實在是非常的拼命，不像是想要賺大錢的樣子，那麼我究竟想要什麼？我一直不瞭解我自己，那三天讓我充分的瞭解了我自己。我想要去學校讀書，我想要有學問與知識。

我像似，將自己關在了寢室裡三天，而我竟然感到我獲得足夠的信心，並且開始不斷的思考，如何念書如何可以在短時間內將大量的知識放入大腦裡面。我向總班長報告希望可以轉調文書工作的事情，爭取在退伍前有空閒的時間可以念書。正好，原本的文書兵即將退伍。

我順利的轉進了文書工作，計劃著我的未來，首先，我開始學習文書處理，學習輸入法，中文輸入法練習到了每分鐘可以打六十個字，當克服了所有的文書處理的困難點之後，我便開始念起了英文。

雖然，英文仍然不是我準備獲得分數的科目，沒有基本的英文能力，我別想順利的取得學士學位，更別想取得碩士學位，當時我的目標是取得碩士學位。

休假期間，我開始到書局搜尋大腦開發與學習的相關書籍。我發現了一些重點，對我而言，體力與注意力及右腦的開發才是我必須要補足的要項，我選擇了慢跑（提升體力）、一年四季洗冷水澡（提升注意力）、左手靈活度訓練（開發右腦，左手右腦控制、右手左腦控制）。

慢跑漸漸的成爲我的興趣，每天下班後先來個三千公尺，只要不太冷與不太熱的天氣，我都會在下班後去跑步，念書與參加考試必須要有充足的體力。天氣太冷慢跑的話，可能導致心血管疾病的產生，嚴重的話可能會「中風」，無論年齡，天氣太熱慢跑的話，則可能會中暑。

爲了可以更加的集中注意力，我開始習慣洗冷水澡，冷水可以讓身體的各個器官的血液回流到大腦，可以提升大腦的注意力，上課的時候才可以專心的聽講。有一年我、老媽、三姐、三姐夫與小弟上合歡山。

那一年我們正好遇到了下雪，我們住在合歡山莊，外頭雖然下著雪我一樣洗著冷水澡。但是冬天洗冷水澡一樣會有風險，一樣可能會導致心血管疾病的產生，嚴重的話可能會「中風」，無論年齡。

至於右腦開發的部分，對我而言本來就是很簡單的事情，其實，就與彈吉他的左手指法練習相同，像似在電視上看到吉他手的左手手指的那種靈活度，即可達到右腦開發的目的。

我與多數人一樣右撇子，在於左腦控制右手的概念之下，對我而言我的左腦原本就已經有進行開發，因此我只須要針對右腦進行開發即可。練習左手手指的靈活度，即成爲了我的習慣。

當兵的時候，我又開始缺錢了，我該如何是好呢？我打了電話給以前的KTV主管，主管也就讓我利用當兵休假的期間回去打工。

當然囉，主管講的很白：如果酒客鬧事警察來了的話，就趕快把制服脫掉躲到旁邊去。我有點意外的點點頭，那時候沒想到主管對那種事情那麼了解。就這樣，我每次休假回家就去找KTV的主管報到。

「謙仔」退伍的時候到了，我與他相約在台科大見面，原本不想再念書的他，被我說服的參加了考二技的補習班。後來他在二技聯招中又沒有考上台科大與北科大，不來中南部念書的他，仍然選擇了在台北念私立二技。

由於「老闆」不教新兵，「謙仔」一退伍我就成爲了機務室最老的兵。老兵嘛：總是須要帶好新兵。

陸陸續續進來了幾位新兵，有號稱是老大的左右手、也有全身刺青的瘦小子，當然，最特別的是我要帶的新人，曾經胖到可以不用當兵的「小謝」。

「小謝」為了把妹而開始減肥，連續九十天沒有吃飯，只喝飲料，體重從一百二十公斤減到了七十六公斤，順便被蜂窩性組織炎給纏上，住院二個禮拜。

「小謝」下了部隊到了我的手上，可是不想工作的他，還是一天到晚想著要驗退。

我只跟他說：在這個地方想要過上好日子還是必須要工作，可以裝忙、減少工作量也無所謂，但無論如何，該做的工作一定要做完。他想了一想也是有道理，所以就開始乖乖的工作。

退伍前，我開始休我的榮譽假，一共有二十二天，也就是說我在退伍的前兩個月可以不斷的休假，每回一休假回到家，我就往KTV跑。兵役中嘛：能低調就儘量的低調。

直到了退伍的前幾天，隊長看在我們辛苦工作的份上，決定讓我們提早二天離營。

很賤的同梯「山高日安」說：我眞是勵害，可以讓他提早兩天退伍，其實那是隊長看在我們辛勞的份上而給的福利而已。

我相信那跟我完全沒有關係，或許那兩天假只是因爲我們幸運的遇到了隊長心情好的日子。

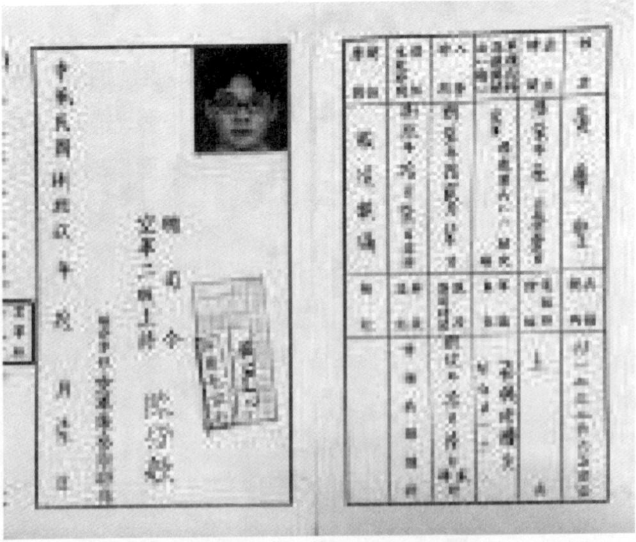

我的退伍令

摩托車上的巨人

退伍回到了家，老媽就馬上帶我去拜乾爹「定光古佛」。

老媽說：我小的時候常常一直哭而且哭不停，外婆叫老媽帶我去成為定光古佛的乾兒子，說也奇怪，據說我後來就比較少哭，老媽並要我記得要常常去拜定光古佛乾爹。

老媽開始回想著過去，阿爸在高農畢業後（五年制），在鄉下的小學當老師，那時候小學老師的薪資其實非常的低，社會地位也不高，阿爸常常被阿公與阿媽罵，賺的比種田還要來的少。

後來阿爸每日坐公車到市區的鳳梨罐頭會社上班，擔任文員

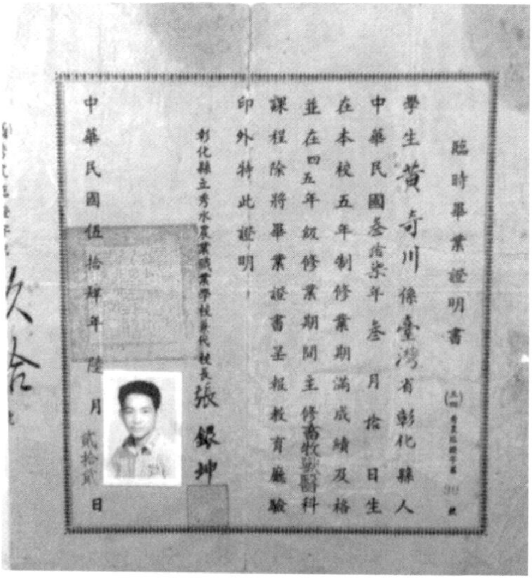

臨時畢業證明書

學生黃奇川係臺灣省彰化縣人
中華民國叁拾柒年叁月拾日生
在本校五年制修業期滿成績及格
並在四五年級修業期間主修畜牧獸醫科
課程除將畢業證書呈報教育廳驗
印外特此證明

彰化縣立秀水農業職業學校校長張銀坤

中華民國伍拾肆年陸月貳拾貳日

阿爸的畢業證書

，每日負責生產線的管理，須要將每日的生產狀況彙報給主管，那是間日本公司在台灣的工廠。

聽說老媽年輕的時候很漂亮，阿爸常常跑去找老媽聊天，阿爸說他其實是念獸醫科的，念書的時候一天到晚要幫動物打針，以前養豬養牛的人家很多，阿爸是專門幫豬牛打針的獸醫。在那個年代，阿爸是社會上相當有學問的人才，老媽完全沒有招架之力的開始跟阿爸約會。

起初，阿公與阿媽並不贊成阿爸與老媽交往，他們認爲老媽沒有受教育，只有國校畢業學歷過低，阿爸則是看中了老媽有傳統的三從四德的美德。

每次阿爸與老媽約會，阿爸總是要搭公車到市區，那時主要的交通工具還是以公車爲主，擁有汽車與摩托車的人很少，阿爸每次到市區與老媽約會都必須要搭一個多小時的公車，阿爸眞的是「爲愛走天涯」。

老媽出嫁時，外公與外婆特意爲老媽準備了一牛車的嫁妝，讓老媽可以風光的出嫁。老媽說她年輕的時候總是說：我不會嫁到鄉下地方，所以不用學騎腳踏車，結果嫁到了最鄉下的地方，無論到任何地方都要用走路的。

老媽嫁到了夫家之後，阿公與阿媽要求老媽每天四點起床準備早餐，然後開始下田幫忙種田。阿爸則回到鄉下的公所上班。

沒多久，老媽生下了大姐，阿爸希望可以有更好的收入。在沒什麼人買車的民國六十年代，阿爸到台中開始從事賣車的工作，一開始車子賣的還不錯，一個月總能賣個幾台，緊接著老媽生了二姐，阿爸從台中回家的路上總是會從台中買肉羹帶回家給老媽與大姐吃，老媽一直很懷念那一段幸福的日子。

在車子突然沒人買的情況下、銷售量直線下降，阿爸回到了鄉下賣了阿爸的老婆本的那一塊地，開始販賣竹子的生意。

阿爸在鄉下的街上開了一間竹子行，剛開始的時候三不五時會有親戚與朋友捧場。

眼看著日子一天一天的過，老媽生下了三姐，家裡的負擔漸漸的重了起來。阿爸選擇外出到貨運行工作，除了負責帳務與事務以外，阿爸還須要幫忙扛貨與作一些雜事。

五歲的大姐開始會拿竹子店裡面的錢，拿了錢就直接偷搭公車到市區找外公與外婆，第一次外公外婆嚇了一大跳，只好要舅舅騎車送大姐回鄉下，後來公車司機總是會問：小妹妹你要去那裡？（阿爸的朋友有一次遇見了大姐，向阿爸轉述）。

竹子店的生意開始交由老媽打理，但是生意上一直沒有起色，最後連店的租都付不出來，阿爸與老媽決定收掉竹子店的店面。

老媽開始外出工作，回到了她在罐頭工廠上班之前的工作，做著洋娃娃衣的縫紉工作。隨著老媽生下我之後，阿爸決定全家搬到市區，那時阿爸與老媽都在市區工作。

老媽與阿爸在上班的時間都由外公與外婆照顧我們幾個小孩。

老媽在生下小弟後，阿爸開始去東海大學地政系進修代書執照，阿爸的親戚與朋友每每有文書上的問題，總是會帶著料理與美酒來請阿爸幫忙。

有一天阿爸與老媽載著小弟要出門，我吵著想要跟，阿爸則叫大姐把我拉進屋內，後來大姐跟我們說，老媽有了小寶寶，阿爸與老媽要去將小寶寶拿掉。可惜，我們家的「老六」無緣與我們見面。

終於，阿爸取得了東海大學地政系的學分證書，其後亦取得了代書證書—代書證書已遺失—，在阿爸準備成立代書事務所之前，阿爸的身體出狀況了，從小診所轉進了大醫院，醫生們束手無策，完全查不出病因，阿爸在入院後的第三天凌晨宣告不治。

那時候大舅舅與大舅媽一直出入醫院也是問不出原因。

依當時的醫療水準來說，很多病是查不出病因的，後來醫院認定是感冒併發急性腦膜炎而不治。

很長的一段時間，老媽一直責罵著醫院的無能，但是比較有學問的大舅媽一直說著：很多病，醫生也實在是無能爲力，希望我們要相信醫生的專業。

阿爸離開的那天，早上四點不到，門外突然傳來了急促的敲門聲，把老媽與三個姐姐

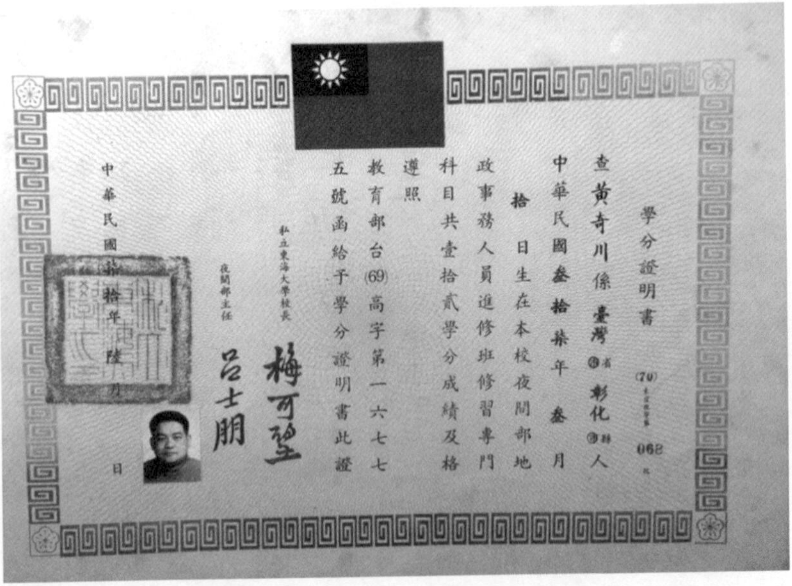

學分證明書

(70) 062

查黃奇川係臺灣省彰化縣人

中華民國叁拾柒年叁月

拾日生在本校夜間部地

政事務人員進修班修習專門

科目共壹拾貳學分成績及格

遵照

教育部台(69)高字第一六七七

五號函給予學分證明書此證

私立東海大學校長 梅可望

夜間部主任 呂士朋

中華民國柒拾年陸月 日

阿爸的學分證書

吵醒了，原來是叔叔來了，叔叔跟老媽說了幾句話之後，老媽連哭的時間都沒有，大姐與老媽直接將我跟小弟抱上了叔叔的車子。

當我醒來的時候，發現叔叔的車子正跟在一台救護車的後面，朝著越來越鄉下的地方行進。當天回到了阿爸的故鄉，村莊內的長輩們喊著阿爸的名字說：奇川：到家了喔！

阿爸被搬入了家族三合院的神明廳，我看到醫生與護士對阿爸進行最後的搶救，背著聽診器並拿著呼吸球的醫生確認了阿爸的呼吸與心跳後，看了手錶並跟護士說了死亡時間。

幾天後棺材來了，俗稱「大厝」，村內的長輩幫忙將「大厝」搬入了神明廳內

▲姓氏牌匾

，長輩們也將阿爸的遺體移到「大厝」裡面，封棺之前，大伯將我抱起並要我看一下阿爸的最後遺容，然後要我跟阿爸說再見。

「出殯」的日子來了，看見了很熱鬧的景象的我們，我與小弟穿著孝服，開心的沉浸於玩耍與嬉笑當中，姑姑從隊伍的後面走來，給了我們一人一個巴掌，並大聲的要我們倆跪下，我們倆才開始哭了起來。

阿爸走了之後，我們一家人回到了老媽的娘家，住在一米半的巷子內，那是蓋在屬於農田水利地上的竹管仔厝，不畏炎寒的建築（冬暖夏涼）。那間房子一進門是一間小客廳，面積不到二坪，右手邊有一個門跟一個上隔樓的樓梯，進右側的門是主臥房，老媽、我跟小弟睡主臥房。

那原本是我父母的房間，大約不到兩坪的大小，放了一張雙人床之後，幾乎連我與小弟罰跪的地方都沒有，另一間房間則在一樓半的隔樓上、位於主臥房的正上方，三個姐姐就睡隔樓上。

而木造的浴室與廚房是沒有隔間的，在巷子的另一側，空間大約三坪左右，有一個舊式鍋爐（灶），用來煮飯及燒洗澡水。

舊式的鍋爐，那是一個讓我曾經渾身疼痛的記憶，燃燒加熱的一個鍋爐，爲什麼這樣的強調呢？

我們五個小孩必須要輪流撿拾能燒的東西回來燒，三個姐姐一人一組、我與小弟兩個人一組。

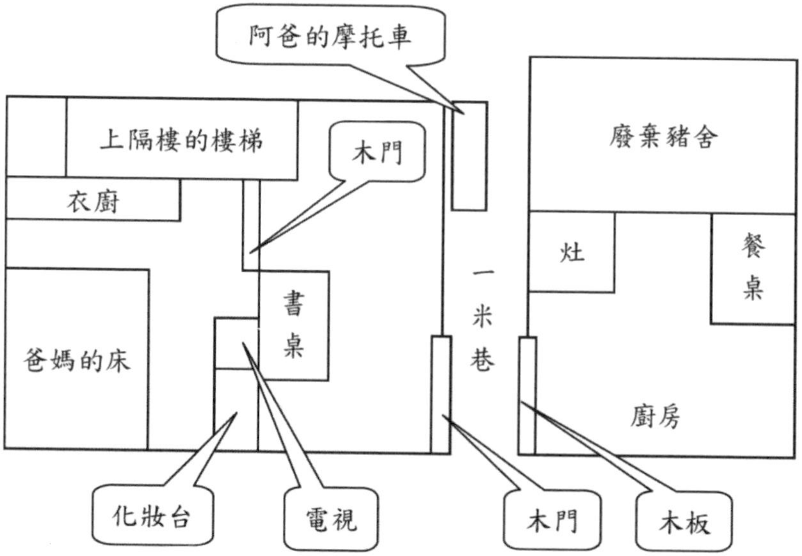

舊屋格局（農田水利地）

每次撿到的木頭總是不夠用，小小年紀的我正煩惱著這件事情，那天，又跟鄰居「小江」去了附近的工地玩，玩著玩著、發現了很多乾淨的木頭，隨手就撿了兩根回家。「小江」回家後，我馬上找了小弟一起再去撿幾根木頭回家。從此那個工地成了我們兄弟倆的「密秘基地」。

不知到底，我們撿了多少根的木頭，終於被工地的主人遇見了，可能是被他抓到的。硬是跟了我們回家，老媽還是不在家，工地的主人遇見了小舅（擺夜市的小舅舅那時住在隔壁），並且工地的主人開始對小舅舅抗議，要求賠錢（那時，眞的是嚇死我了）。

小舅舅連忙解釋了起來：老爸剛死而已，沒有人教，算了啦，等他媽媽回來，我再跟她媽媽說啦。我從小到大被打的最慘的一次，也跪了好幾個小時。長大後的我才懂，那個工地在蓋的房子一直賣不出去，直到完工後二十年左右的時間，才全部完售。

那個工地的房子因爲面對著水溝而一直賣不出去，在我們撿拾那些木材的時候其實房子已經完工，屋主只是爲了祈求好運的將那些房子售出，而將木「財」堆積在工地裡。我認爲那時小舅舅也只是想給我們一個機會教育而已，就像現在可能連撿張發票都算是違法的行爲一般。

同一年二姐在燒熱水的時候，沒有仔細的顧著，跟表哥們跑到隔壁剛收成的田地玩躲貓貓︵田地乾了，而且有很多稻草可以躲︶。玩的正開心的時候，小舅舅正好經過我們家的廚房，發現火勢正往上燒，燒到了整個爐灶與屋頂。

小舅舅在救火的同時，呼來一群鄰居，才將大火順利撲滅，老媽那時在娃娃工廠擔任車衣工，而住在市區角落的我們，鄰居們十分擔心再次發生同樣的事情。

當天我老媽下班回來後，鄰居們爲避免將來受到波及而向老媽提出嚴重的抗議，老媽一氣之下詢問當天負責看火的是二姐，隨手拿起塑膠水桶往她的頭頂上砸。直到鄰居與小舅媽出手阻止，而滿臉是血的二姐則被小舅媽送到了診所，聽說縫了好幾針。

有一天天氣很冷，使我想起了老師曾經說：燈泡會發熱，於是將燈泡放到了棉被裡面取暖，結果棉被被我燒出了一個洞，我先潑了水想要滅火，但是怎麼樣的潑水都沒有用，漸漸的整條棉被燒了起來，而且一直冒出了白煙，小弟跑到隔壁向正在打麻將的鄰居求救，鄰居們又衝進了我們的家，將已經著火的棉被直接丟到屋外，才結束了我這一場惡夢。

老媽一下班回到了家就又給了我另一場惡夢，鄰居們極力拉住了老媽，要老媽先冷靜一下，老媽點點頭表示同意後，鄰居才放開了她。

那個時代沒有什麼大醫院，而且醫院也通常都收取比較高的醫藥費，小傷通常都只送去診所，看在醫藥費的份上，那次我只受了輕微的打罵與跪了三個小時左右的懲罰。老媽對我們的教育通常都是在聲淚之中結束。

老媽有養育五個孩子的責任，並且必須身兼父職，也承受著不可以讓夫家親戚看不起的壓力。隨著阿爸的離世，與被強硬的保管阿爸的「身後財」，壓力之大可想而知。

隔沒多久，姑姑就來爆料了：誰借走多少、另外誰也借走了多少？自己留用週轉多少的。在我們五個小孩的幼年時期，這樣子的傳言，一直徘徊在我們的耳邊。那對我們五個小孩子的影響真的非常的大，老媽對我們五個小孩的管教也就變的異常的嚴苛。

記得在阿爸「出殯」之前有一位報社的「記者」來過，他了解始末之後，轉向詢問老媽：說是醫院跟報社說了，一位代書因病離世，留下妻子與五個孩子（那年大姐十一歲、而小弟三歲），日子會很辛苦，應該要接受社會大眾的幫忙，「記者」希望可以幫忙登報向社會大眾募款，以減輕老媽在生計上的負擔。

老媽當時完全不考慮的說：我們不要人家的同情，我會自己想辦法的，因而拒絕了登報的這件事情，雖然他和「記者」還是極力的遊說。

畢竟我們當時年紀眞的很小，那一年到底發生了什麼事情，我想可能眞的永遠沒有人可以告訴我們眞相。而我則堅決的相信，那只是爲了要苦毒老媽的一種手段，在現代應該就稱爲「霸凌」。

進了小學一年級的我，有一次小舅舅送我去學校，我看到了一群穿著跟我同樣制服，而且身高跟我差不多的同學，我就抬了頭跟小舅舅說：我們的班級到了，一說完我就頭也不回的衝進了那個班級，坐在我的位子上。

時間經過了差不多一個小時，有人來跟老師說：全校都在找一位一年級的小朋友，連小舅舅也被老媽叫來學校幫忙找，我也才終於被小舅舅發現我進錯了班級。那天下課回到家，二姐笑到肚子痛，因爲被我搶走位子的小朋友他也忘了自己原本坐的位子在那裡了。從那天起老媽要三個姐姐輪流送我到教室。

歡樂的日子來了，有一天家裡來了一位老伯，說是工廠一忙著要出貨，急缺人手幫忙包裝，跟老媽說要五個小孩去幫忙一下，論件計酬。

到了上工的日子，大姐帶著我們，包含她自己一共五個小孩子出發，突然間老媽追了出來，說小弟太小，還不可以去幫忙工作，小弟哭著被老媽抱回去。一路上我們邊走邊玩，走著走著終於到了老伯的雨傘工廠。

那是一間三層樓的工廠（每層樓約有六十坪的空間），二、三樓是負責縫製的部門，而一樓則是負責品管與包裝的部門。我們四個小孩被安排在一樓的部門幫忙包裝，工作內容大概是：將雨傘打開確認有無缺一縫的部位，然後將雨傘收起來，再將雨傘的傘葉排列整齊轉一圈並束起來、扣上鈕扣、套入尼龍套，最後則是套入透明的塑膠套。

在我們工作的過程中，時常有位阿姨會來關注我們的進度與包裝的品質，現在的我才懂，原來那位阿姨是品管人員，一旁則有做著與我們同樣工作的阿姨們。有一位阿姨笑著我們說，那麼小就出來工作喔，二姐回嘴的時候，大姐則要她不要說話，動作快一點，我們的包裝速度比阿姨們的速度慢太多了。

極度缺工的台灣，沒有找不到工作的工人，只有找不到工人的老闆。後來那位老伯又來找了老媽幾次，同樣是讓我們去幫忙包裝。

每次工作回到家之後，總有一餐豐盛的晚餐，多半是平常吃不到的肉羹。可能是老媽欣慰五個小孩的懂事與成長，也可能是家裡面有了額外的收入而可以「吃好一點」，其實我們只是想去玩而已，印象中那是蠻有趣的一件事情。

分離的時候終究還是來了

那一天，才十一歲的大姐提出了想去三舅舅的海產店幫忙的想法，下課後利用晚上的時間，在海產店幫忙上菜、上餐巾與打掃，工作時間從下課後到晚上十二點，週六則到深夜三點。

隔年，隨著三舅舅的海產店生意越來越好，二姐也跟著大姐的腳步去了三舅家，三舅舅也負起了照顧大姐與二姐的責任。

人嘛、總是須要朋友的，小學一年級的時候，我認識了少年時期的好朋友「阿芳」，家境小康的他們，時常拿了錢就找我到處跑。同班，並且同樣不喜歡念書的我，幾乎可以說是一拍即合。我們其實不是同一個學區的學生，當年因爲「阿芳」的媽媽報錯了住址，我們才能夠在同一班，也才能夠互相認識。

在我們學區新學校的第一棟校樓落成後，我就立即隨著學校的老師與同學，一起遷移回去新學校，我是那一所小學第一屆畢業的畢業生。而「阿芳」則留在原本的學校，並未與我們一起遷移到新學校。

可怕的災難來了，隔年的韋恩颱風不但造成了淹水，也將我們隔樓上的屋頂給掀走了。

在屋主不願意整修的情況下，我們搬到了與舊屋相隔兩間的房子住了下來，同樣是古老的竹管仔厝，一樣是農田水利地上的房子，在沒有地主的情況下，當初是誰蓋的就是誰的，只有使用權，所以老媽一樣必須要付租金給新的屋主。

新入住的房屋隔局，從巷子一入門口是一間小客廳不到一坪大小的空間，擺著一張阿爸的桌子與電話，抽屜內仍然擺放著阿爸的六法全書與代書證書（代書證書已遺失），經過了客廳從左側的門往屋內走右手邊有兩間房間。

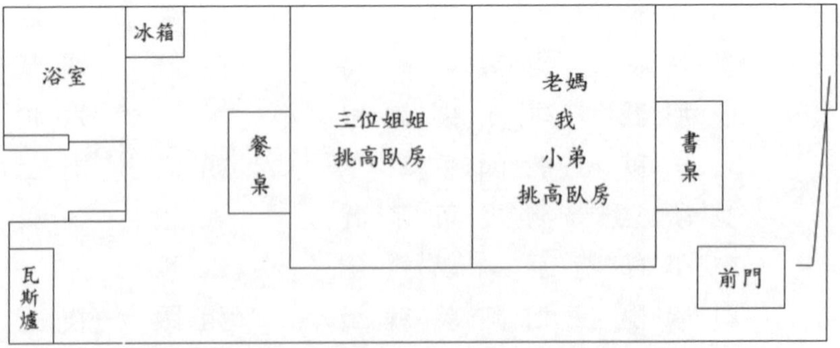

韋恩颱風後新屋格局（農田水利地）

老媽、我與小弟睡第一間，二姐與三姐睡第二間。

那間房子有預防淹水的設計，房間挑高二尺（約六十公分）的建築設計，過了房間再往裡面走，是廚房與餐桌（大約兩坪），出了後門右手邊即是浴室，老媽買了新的瓦斯爐，我們改使用瓦斯爐煮飯與燒熱水。

在這個時期，老媽的老闆總是讓老媽時常在加班後，帶很多手工回家，讓我們這群小孩一起幫忙工作，通常須要工作到深夜。而鄰居婆婆也時常帶著工廠剩下的便當，回來給我們這一群孩子享用，我始終記得那便當的美好滋味。

在阿爸過世後的第五個年頭，三舅舅因爲積勞成疾，罹患了口腔癌，必須要進行放射性治療，而須要無限期的休息。在老媽想要給我們好一點的物質生活的情況下，老媽將海產店給頂了下來。

從此，三姐也加入海產店的工作行列。在海產店的工作之中，老媽負責採買與開店前的食材準備，而老媽爲了買到好的食材，通常要在早上五點左右出發前往菜市場，否則恐怕會買不到好的食材。

而在當時台灣經濟起飛的年代，通常海產店結束的時間都在深夜三點過後，三位姐姐因爲要上學，十二點過後都是由老媽一個人獨自顧著，直到凌晨三點左右收攤的時候，老媽才會把大姐跟二姐叫起來幫忙。其實羨慕著姐姐們可以騎摩托車去學校，我也很希望可以去海產店幫忙。

餓著肚子的孩子，十分渴望著工作。

三姐老是跟我說：要等我上國中才可以去海產店幫忙。可惜在我小學六年級的那一年，漸漸的客人不再願意光顧三個小女孩的海產店，因而老媽決定讓海產店走向關門的階段。

同一個時期，三舅舅結束了修養身體與化療的日子，選擇了在比較偏僻的路段開始了新的海產店，在三個姐姐希望可以持續打工的情況之下，也就直接搬去住在三舅舅家，並在新的海產店幫忙工作，而老媽則回去從事原本車衣工的工作。

老媽跟姐姐們不在家的這段時間，家裡的一切事物理所當然由我一手包辦，無論是燈泡、燈管、又或者是總電源開關的保險絲，全由我進行更換，當然煮宵夜也是由我負責的。

這回，陪伴著我們兄弟倆的電視機壞了，老媽找來的水電師父發現是因爲總電源的保險絲換成了銅絲，在電壓突然變高的情況下，應該燒損的總電源開關保險絲沒有燒損，反倒是電視機內的保險絲燒損了。

水電師父檢查了之後開始碎碎念了起來：這是誰換的呀？我自己認錯的回答：是我自己換的。水電師父意外的看著我，然後跟我說：保險絲有固定的材料，一般的電線不可以拿來當作保險絲使用。當然，後來就沒有再發生過這樣子的事情，經過水電師父的教育之後，我改使用標準的保險絲更換。

同一個時期，我曾經看過與神鬼傳說有相當程度衝擊的報導，地球的形成與人類的出現，進而推進到了工業與科技的發展，至今仍對我有相當程度的影響。那段報導說明著地球的形成與人類的產生及演化。

同時也讓我深深的體認到了一件事情，人的形體終究會化爲塵土，並且從來都沒有靈魂的存在，只有此生沒有來世，而在我的學習當中，人體被視爲最高階的控制系統。

而那一年，須要再次搬家的時候到了，原本的屋主在正式取得產權之後將屋子售出。在我們沒房子住，並且老媽不願意遠遷的情況之下，大舅舅幫忙遊說了他的隔壁鄰居，請他的隔壁鄰居以二房東的身份，將四樓透天的一樓廚房後面隔間成了一間房間並租給了我們，那一回我們只搬到了幾十公尺遠的地方。

隔間的部分僅是使用家具與木板做簡單的區格，隔成了一間只有沖澡間的房間，僅可洗澡與小號，大號則須要到隔壁大舅舅家借廁所。廚房則在透天厝的後面，與透天厝大約相隔二公尺遠的地方，使用木頭蓋了起來，看起來有點像草屋。

這回草屋已經不是在農田水利地上，而是在舊五分鐵路地上。在五分鐵路拆除之後，那個位置就一直是一小塊空地，因爲只是政府閒置的空地，所以沒有租金的問題。

曾有同學笑稱是釘子戶嗎？其實不算是釘子戶啦：，只算是違章建築的一種。

二房東富有同情心，僅收我們月租三千元（包含水電）。或許您會想問，便宜嗎？在那個年代看來，算是相當的便宜。

新住家位置

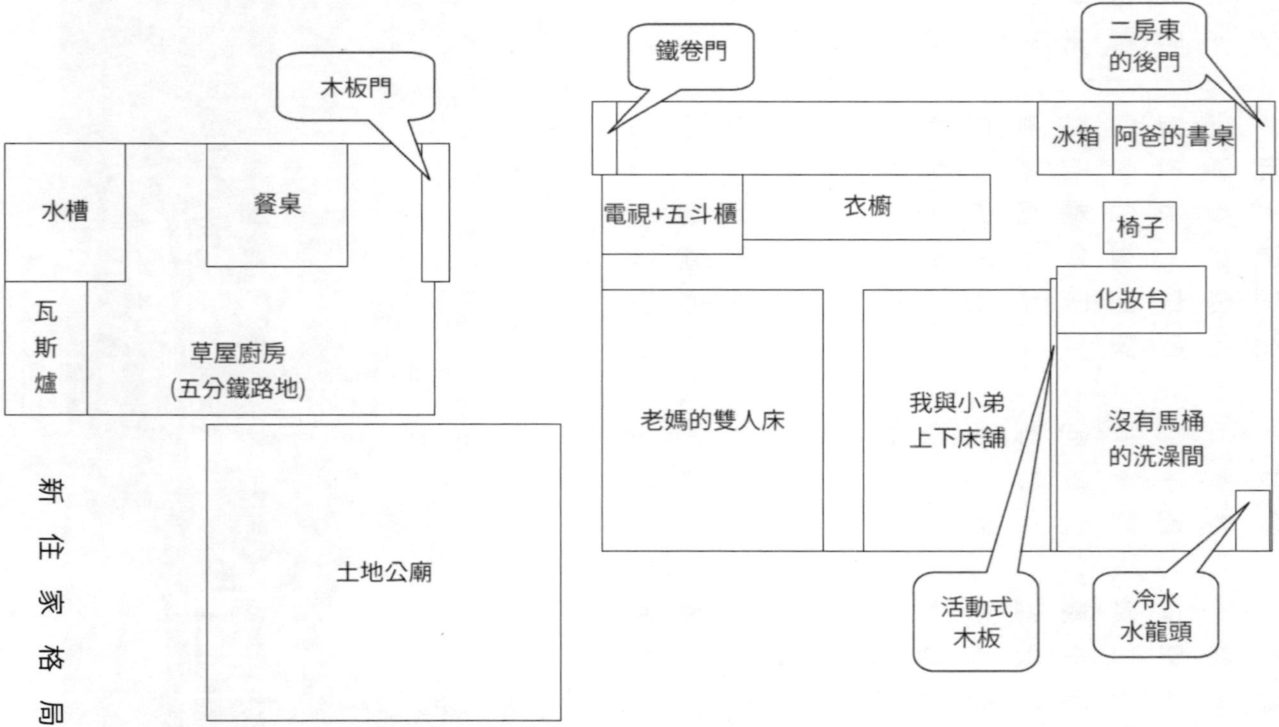
木板門
水槽
餐桌
瓦斯爐
草屋廚房
(五分鐵路地)
土地公廟
鐵卷門
二房東
的後門
冰箱
阿爸的書桌
電視+五斗櫃
衣櫥
椅子
化妝台
老媽的雙人床
我與小弟
上下床鋪
沒有馬桶
的洗澡間
活動式
木板
冷水
水龍頭

新住家格局

直到我二專畢業的那一年（年滿二十歲），原本的二房東前往花蓮發展新事業，我們才將整棟房子租了下來，也當起了二房東。

其實我們住的地方就在火車站的後面，在火車鐵路旁的一間土地公廟的正後方。當地人說那裡叫「後火車站」，據說幾十年前那裡曾預定要蓋後火車站。

小學時代的我很喜歡製作豆漿、豆花、蛋炒飯、豬肉醬油麵，當然煮泡麵還是最容易的，而豬肉則是很少出現在冰箱內的一種食材。

有一回我就在那木造的廚房上，煮起了豆漿與豆花並找來了我的同學，並且我告訴他們，我自己煮的豆花喔：要請他們吃的，他們來了，但卻連看也不看一眼，環境好的同學已深受教育，清楚的明白衛生的問題，也就沒有人願意吃，因爲那是違建的木造廚房。眞的是「自我感覺良好」，原來我眞的是晚熟的可怕。

美麗夢想

在世人的眼裡、貧等於貪、偷、搶及任何不正之事。我在我努力求學的時期當中，我一直極力的避免作錯事。但是、我貪、我很貪，我的內心十分的貪，貪無止境的學習與「不要命的工作」。我始終相信、那才是我人生唯一的路，因爲我不聰明。

阿爸生前一直跟老媽說：這個孩子將來一定很會念書。我確實我承襲了老媽的心性，我眞的很乖，乖乖到了愚昧的程度。只因爲阿爸生前的期望，老媽要求大姐帶我去了以愛的教育聞名的「眞善美」補習班。

英文考試底限九十分，少一分打一下。通常我都是被打三十下起跳，當然，大家研究的肯定不是如何獲得高分，反而是研究怎麼樣被打不會痛。例如手塗辣椒或者被打前先搓手幾十下，其實那些免痛的方法眞的都沒有用，我都試過了：還是很痛。

那間補習班如同過去的教育方式，依能力分班。依序分爲善美眞，每一個年級三個班級，大姐希望我可以被分到「善班」，進而出類拔萃，但從小就不愛念書的我，煮東西與拆裝家裡不要的電器，才是我最常幹的事情。

在進入補習班的智力測驗中，雖然大姐一直拼命的幫我延長測驗時間，也眞的勉強的讓我進入了善班︵最優秀︶，但是只經過了一個禮拜的時間，我就被轉到了眞班︵最快樂︶。大姐在此時又出手了，硬是讓我轉到了美班︵中等︶，但是，最終我們還是必須要面對現實，我在補習班只維持了三個月的時間。

國中一年級上學期我的成績中上，有資格、有興趣、也加入了童軍團，再怎麼樣還是沒有多餘的錢，參加不了童軍團的加全國露營活動。

小孩子嘛，傷心失意的落淚總是在所難免的。但是因爲加入了童軍團，參加了祭孔大典，我們學校的童軍團一直以來都負責祭孔大典的秩序維持。

好巧不巧的，好朋友「阿芳」的哥哥「阿欣」則參加了古樂隊，正好他們古樂隊負責祭孔大典的古樂伴奏，我跟三姐時常跑去看他們練習。

祭孔大典的前一晚，我興奮到了徹夜難眠的狀態，深夜一點就獨自出發前往孔廟，那一晚我遇見了一對父女，如同守歲般的感覺，我們一起等候祭孔大典的開始。

記得阿爸剛走的時候，老媽也曾經帶我去拔智慧毛（供品豬的豬毛），那時在離開孔廟前我指著供品之中的韭菜跟老媽說、我想吃那個，後來老媽跟工作人員要了那個韭菜，工作人

孔子廟

員回頭跟老媽說：相傳吃了祭孔大典的供品可保佑求學順利、金榜題名。

國小五年級上學期（民國七十七年），有一天家裡來了一位穿西裝打領帶，講話很有海口音的人。原來是他來了，到了我們居住的地方看了一下，說是要找人來幫我們裝熱水器，隔了兩年（民國七十九年）他也才終於將阿爸的「身後財」歸還給了老媽。

但那筆錢在阿爸離世的時候（民國七十三年），可以在小城市的偏遠地帶，買一棟二樓透天的房子。隨著台灣的房價高漲，還給老媽的時候，大概連買一間單人廁所都不夠。但、自始至終從沒見過他來幫我們裝熱水器。

後來有傳言說：他中風、去了中國大陸全身換血，然後又有傳言說：他與人合夥投資了很多生意，身家上億。總是有很多關於他的傳聞，但，永遠只有傳聞。隨著阿爸離開人世間，我們也與阿爸的親朋好友們鮮少往來。

另一方面、大舅舅在洗衣店的經營上，因爲設備的購買與周轉上的須求，也就順手將他歸還的那筆錢借走。老媽直接說了不用利息（或許、老媽一直不清楚那筆錢那裡來的）。老媽實在也不希望在我們的成長階段中使用這筆錢，而且這筆錢在當時已經不值錢了。

雖然大舅舅總是說：老媽準備了十萬塊想讓我讀大學，標榜著「爲著十萬塊」嗎？　大舅舅到底在講著什麼？我始終聽不懂。當然也是因爲大舅舅曾經是台灣一流的生意人，老媽深信不已，大舅舅肯定可以再一次經商成功。

大舅舅以前在北部經營油漆工廠，據說、曾經是全台灣第二大的油漆廠，極度銷價競爭而成、但也因此椴羽而歸。在民國六十年代，跳票超過二千萬（當時沒有票據法），在當時那樣的金額大約可於偏僻的區域購買超過五十棟透天厝。

大舅舅回到鄉下後，住在不用租金的農田水利地上的竹管仔厝，那是外公當年外漂來工作時所搭建的房子，也就是在我父母的租屋隔壁。大舅舅過了幾年的打零工與打麻將的生活後，決定在竹管仔厝的馬路對面租店面經營洗衣店。

大舅舅向老媽借了那一筆錢，卻也看著我們的生活如此的慘淡，內心有所過意不去，再加上原本僱用的燙衣工在廟裡面看歌仔戲時中風而無法持續工作，造成人手不足的狀況，向老媽提出讓我下課後去洗衣店幫忙燙衣服的提議。

老媽落淚的答應了，當然我也毫不猶豫的答應了，其實老媽哭了幾個晚上，像是無法達成阿爸遺願般的遺憾，那個時候我似乎比老媽更清醒了點。

工作足以填滿我的欲望

小學的時候，老師曾經說：吃點油比較不容易餓，永遠只有十塊錢吃麵的我，習慣了在湯麵裡加很多辣椒醬與胡椒粉。其實很多老一輩的長輩都是這樣子吃，有些人為了取暖，吃點辣身體會自然的發熱，而我則是為了充飢、口袋裡面沒有銀兩的我，永遠吃不飽，多吃點辣椒醬其實眞的可以充飢，因爲辣椒醬不用錢。有了工作機會，如同塡飽了我飢餓的肚子。

國中一年級的寒假之前、我搬到了隔壁大舅舅家，在我二專畢業之前、我的住址一直在洗衣店。那時家裡沒有完整的浴室，開心至極的我時常泡熱水澡，小學老師曾經說：洗熱水澡可以讓毛細孔放大，才能將身體洗的乾淨。洗衣店表姐老是說：你眞的是貴妃香浴。

其實、我明明是男的，但這個比喻有點貼切。小時候我的舉止有點像女生，因爲我的模仿對象是三個姐姐與老媽，我沒有阿爸可以讓我模仿，並且我晚熟的很，國中時期的我仍然像個孩子。

我非常喜歡洗衣店的工作，每當完美的燙完一件衣服，都可以讓我得到十足的成就感，進而沉浸到美麗的夢想當中。大舅舅雖然給我的薪資十分微薄，但深受日本師父的影響、大舅是一位十分負責任的老闆。

例如那一位中風的燙衣工，在他幾乎是舉目無親的情況之下，大舅舅不但負責他的房租，並命令大表哥每日送三餐、每週幫他洗澡，直到那名燙衣工在中風多年後離世爲止。

當然我在年滿十二歲的那一年起，在大舅舅那邊的工作就已經擁有了勞保（洗染業職業工會）。

原來是大舅舅動用了關係，讓工會的人虛報我的年齡，直接幫我投了勞保，拼命工作的我，也時常因爲生病而受惠於勞保。可惜，三十多年後的今天，我，卻無法在勞保卡上面找到那兩年的勞保記錄。

大舅舅看準了台灣的經濟起飛，瞄準了服務業當中、洗衣業的商機，在當時長輩們見面的問候語是「吃飽沒？」，這個問候語的涵義已經從有沒有錢吃飯？轉換成了記得要停下工作好好吃飯的意思了。

在沒有時間吃飯的年代、因爲工作的忙碌，很多人沒有時間自己洗衣服，並且正所謂佛要金裝、人要衣裝，衣服當然要洗的乾乾淨淨，也一定要燙的整整齊齊，作生意或者談生意的生意人，都會將衣服送到洗衣店、洗加燙，以保持每日的清新與整齊，甚至有某些職業的主管要求，制服須要燙的很整齊，並且連燙的樣式都有規定。衣服仍然是重要的門面。

洗衣店創立的初期、大舅找了許多童工，進行了掃街宣傳活動。那群小孩，包含了我的三個姐姐，大家因爲可以賺零用錢，高興的不得了，因此大舅舅的洗衣店迅速的成爲了市區生意最好的洗衣店。

燙衣服的工作其實很容易上手，我快速的從生手變成了熟手。在洗衣店生意越來越好的情況之下，我爲了順利的完成每天的工作，我開始計算每件衣服的整燙時間，休閒衫與牛仔褲必須要在一分鐘內整燙完成，襯衫與西裝褲則須要在三分鍾內整燙完成。

但是工作量之大，我通常須要工作到深夜兩點過後，最晚曾經工作到接近深夜四點。面對著燙不完的衣服，有時眞的讓我燙到哭出來，那一年我十三歲。

速度、永遠趕不上進度。

課後的工作須要到深夜，必然、完全影響到了我的國中學程。早上如果遲到、自然會受到責難與體罰，不是罰站就是鞭打，藤條是我們那個年代最常見的教育法寶，老師也不能不打。有一次我們看見了老師的淚水，漸漸的大家都知道，其實我是幾乎快被退學的同學，老師後來也就不打了。與其白費力氣、不如讓大家都以爲，他選擇放棄。老師知道我已經是一名「工人」。

我越來越常不去學校，當然常有老師打電話去洗衣店、問我爲何沒有去學校，通常我都在洗衣店的樓上睡覺，當大表哥越來越常上樓叫我去上課的情況之下，我開始躲在床底下睡覺、有時則躲在衣櫥內睡覺。我國中一年級的時候，身高只有一百三十九公分，蠻容易躲的。

雖然後來遲到並不會被處罰，但是仍然會很尷尬，所以有時遲到、我就直接穿著制服、背著書包到我常去的書局閒逛，直到晚上上班的時間，我才會回到洗衣店開始一天的工作。

那時我在書局最常看的書籍種類，多爲各類小說、偶而會看命理學、風水與其他各種奇奇怪怪的書籍。只要是可以讓我打發時間的書籍、原則上我都看。

我開始擁有自己的經濟能力，我如願的參加了童軍團的露營活動，興奮的我跟同學夜遊並聊到天亮。結束露營活動之後，我回到了洗衣店連續睡了二十三個小時。睡醒後、外婆開心的問了我：去露營好像很累的樣子，那個時候讓我深深的體會到一件事情，努力的工作自然可以得到自己想要的。

終於、有同學建議我轉夜校，

也有同學問我：你還想不想畢業？

在洗衣店今日進隔日出的原則之下，我必須要在當天晚上將當天早上收回來洗的衣服全數整燙完成，隔日才可以順利的送出。

本來，完全不會有人理我，突然間，有這樣的聲音出現，我發現，我的操性成績正持續的探底之中，也來到了全班最末端的位置，同時也已經跨越了被退學的門檻。

當然我的座位早已經從第二排換到了最後一排，持續工作的情況之下、我開始到學校從早睡到晚，只有中午的時候、同學會叫我起床吃飯。

我的成績雖然只有在國中一年級的時候會擠進前二十名，但是其他學年也都維持在全班的四十名內，那個年代、一個班級的學生編制都在五十五位學生以上。

縱使常翹課、縱使常去學校睡一整天，我的成績竟然也還不是最差的，老師後來就當我是幽靈學生，讓我順利畢業。

外 公 與 外 婆

少年時代

「阿芳」在我的成長過程中扮演著非常重要的角色。他是我少年時代之中最要好的朋友，從小學一年級就同班，國中一同校就又開始混在一起。在那個時期我們徹徹底底的被認為是「壞學生」，我們不念書。

我們不是壞學生、
我們是工人。

我們是工人（右一）

「阿芳」與他哥哥「阿欣」，時常帶我去他們親戚所設立的「宮廟」拜拜，他們兩位也成為了「宮廟」的「筆生」，並且進行了七七四十九天的素食坐禁（斎禁），每日晚上七點半到九點半進行修煉，俗稱「靈修」。

由於「阿欣與阿芳」相當的熱血、熱心，洗衣店的門口附近，時常有野貓野狗橫衝直撞、囂張的過馬路，每當有小貓與小狗的屍體出現，阿芳與阿欣通常都會幫這些小貓與小狗收屍，俗話說「貓死掛樹頭、狗死放水流」。

他們是修煉過的，除了送行以外、通常都還會加上一疊紙錢，所謂超渡之意。因爲修煉、他們承習了「上天有好生之德」的意念。

我們當時年紀小、其實他們也非常的害怕，但他們憑藉著對神佛的信仰，咬著牙、堅持做著他們所認爲「該做的事」，我認爲那是他

宮廟

們當時的信念。而膽小的我、只能接受一個口令一個動作的在一旁幫忙。

心有佛、即是佛。

而在「宮廟」慶典出巡的時候，因爲阿欣與阿芳經過修煉，被指派爲「五虎將」陣頭的一員，身爲他們兩位的好朋友的我，當然也邀請我的三姐一同前往參加廟會活動。在出巡（進香）的過程中，一開始我是負責拿毛巾與遞茶水的工作。

後來「阿芳」拼命追回來的女朋友搶走了我的工作，很妙的是宮廟裡的長輩發現我沒事作，於是就安排我開始扛三太子的神轎，那是

三太子神轎

兩人扛的小轎。民俗中三太子是元帥，搭乘的交通工具即是兩人扛的小轎。

有長輩認為「五虎將」是與「八家將」類似的陣頭（八家將陣頭見血的頻率比較高），雖然五虎將比較像是裝飾用的陣頭、不會有逞兇鬥狠的畫面，但長輩們為避免流言的問題、也就取消了「五虎將」的陣頭，「阿芳」與「阿欣」也就加入了扛三太子神轎的行列。

我們的年輕時期與民國八十年代的小混混沒有很大的差別我們都喜歡溜冰，每當休假的時候、阿芳總是騎著跟他外公借來的「美的90」，載我跟一群一樣從國中就開始工作的朋友去冰宮，所以我們都是溜冰的高手，寒暑假的時候，有時還會去唱KTV與打保齡球，三不五時會玩到天亮。

值得一提的是、我那位身材嬌小的洗衣店表姐，她也可以後溜，並且可以拉接龍拉到五六十個人，她的身高不過才一四七公分，我到現在還是無法理解她是如何辦到的。

可是阿欣與阿芳不是家境小康嗎？那是因爲他們的老爸認爲，書念的再多也沒有用、終究還是必須要工作，他們晚上與週六，通常都在他們老爸的工廠工作。

「阿芳」在國三的時候交了女朋友，幸福的進入了兩人世界當中，但是他仍然記得好朋友的我，她女朋友介紹了她的姐妹給我認識，那女孩叫「阿如」。她跟我一樣有著特殊家庭的背景，是個好女孩，瘦小而美麗大方，加上她的背景，完全吸引了我。

就這樣持續的來往了許多年，我們始終沒有更進一步，但她成爲我年輕時期的好朋友，直到她完成了她的終身大事我們才斷了連絡。

人家說學徒總是要三年四個月的學習才能夠「出師」—獲得認同而成爲可以帶學徒的師父—，洗衣店的表哥與表姐總是這樣子的安慰我。

那個時候我對薪水這種東西、眞的完完全全沒有太多的想法，有得吃住、只須要養活自己卽可，或許他們希望我向大舅舅要求加薪，可是我始終沒有那樣子的想法去作那樣子的反應，我認爲大舅舅給員工的福利已經很不錯。

我一個晚上最多已經可以整燙完成二、三百件衣服，總是幻想著會不會有一天會有全國的燙衣服大賽，我想我一定會參加比賽的。燙衣服的這件事情，除了速度以外、工整仍然是首要之件。

我最懷念的滋味莫過於那個時候的深夜宵夜「古早味沙拉麵包」，在那攤宵夜攤結束營業之後我就一直都買不到相同的麵包。

這陣子才發現在魚市場附近也有販售類似的麵包，當我發現的時候、我的眼淚已在我的眼框內徘徊著，當然我立卽買了幾個。

那時的宵夜攤總是營業到天亮，台灣重度開發的時期、社會繁榮昌盛，連在我們這樣的鄉下地方，深夜的宵夜攤附近總是車水馬龍，有時我也會負責去買宵夜。

在小學六年級就已經學會騎摩托車的我，理所當然的就騎著表哥的摩托車去買宵夜，半夜嘛…沒有人會發現的…，那個時代不像現在滿街的警察，現在，大伙連沒買保險的車子都不敢開上路了。

洗衣店的工作雖然有趣，但是，時間的工作仍然須要一些潤滑劑，我們工作總是聽著「講添丁、說添丁、添丁講不盡」，吳樂天總是給我們有趣的一整晚。

古早味沙拉麵包

有一天吳樂天講故事講到了廖添丁的好朋友「大貼ㄟ」，身高八尺（身高約二百四十公分）、體重二百八十斤（體重約一百六十八公斤），一餐要吃掉五隻雞、肉帶骨頭全吃了，體型高大的他，舌頭宛如兩隻手掌合在一起般的大小，曾經用舌頭就將壞人嚇到尿褲子……。

我跟同學「康ㄟ」說了這個故事，「康ㄟ」回答我說你在講古嗎？一位榮譽榜（一年級前一百名，可能可以考上省中的水準）的常客「小政」幫我解圍的說：他是講古沒錯。

「小政」家裡經營鐵工廠，想必有幫忙家裡工作，他畢業後考上省立高工電機科，高工畢業後他就直接在家裡幫忙工作，雖然我倍感意外、但畢竟每個人想走的路都不一樣。

求學不是人生唯一的路

「康ㄟ」在國中畢業後重考了一年，他在重考期間一直與我有書信上的往來（在還沒有電腦的年代，除了電話以外都是以通信的方式連絡的）。

我一直將我的夢想託付給他，他重考一年後考上了中部的一所私立五專。據我所知，他現在任職於日本面板設備商的台灣工廠，官拜課長。

再來就是李季準高磁性的聲音，知性時間與感性時間，我一直記得李季準的名言：勇於夢想的人，懂的計劃未來，眞正成功的人，則是把握現在，多年後的今天，這句話仍然烙印在我的腦海裡。李大師總讓我感到沉浸入文學的悠閒。

總是聽著廣播、學著唱歌的我，工作拿了薪俸，三不五時還是要去買張專輯，這回張雨生出了張新的專輯「我的未來不是夢」，我當然要去買囉…。

週六嘛、中午十二點就下課了，我騎著我賓士五百的腳踏車，買完了我的未來不是夢，當然立刻馬上放進了我的隨身聽，開始學著、也唱著。唱著、唱著：也順便幻想著我的腳踏車，有一天眞的會變成了賓士五百。

沒看到地面上的一個窟窿，前輪直接陷了進去，我的腳踏車直接往前旋轉了九十度，當場讓我的額頭著地。在我清醒過來（嚇暈了）的時候我已經在醫院了，睜開眼睛時看到了大舅媽正拿著勞保單（早期的健保卡），跟護士講著、他在我們那邊工作之類的：，後來大舅媽就用了勞保單幫我付了醫藥費。

合法的童工年齡是十六歲至十八歲，在普遍教育程度不高的年代，「不知者無罪」的這一句話、其實是很容易可以拿來成爲藉口的一種理由。畢竟，在生意人的世界之中求生存。

懂、未必贏

時常我拿著勞保單去診所看醫生的時候，醫生總是微笑的問：你有勞保喔：，是的：我那個時候眞的就有勞保。

國中畢業前，我想學習機械類的技術而離開了洗衣店。洗衣店的大表哥問：你想做什麼樣子的工作？

我想成爲技術員

當時我是這樣子的回答，而現在的我，仍然從事著技術相關的工作。

「阿芳」在我國中畢業前，就幫我跟他老爸預訂了一份工作。

他老爸經營著一間六角車床的水龍頭零件加工廠，畢業後我就直接去上班。

在洗衣店工作兩年後的我

因爲國中時期過度勞累，我總是在九點過後才會出現在阿芳家的工廠，阿芳的老爸認爲我只是個孩子，所以從沒多說。

工作內容是操作沖床與鑽床，有一陣子開始加班到晚上十二點，在上班時間打瞌睡的情況下，直接使用鑽頭從手指頭上面鑽了個洞，當然，血就直接噴了出來，噴濺到了機台與手掌上。還好那天操作的不是沖床，所以幸運的是，我的手指頭都還在。

「阿芳」的哥哥阿欣漸漸的「偷偷來」，其實偷偷來比較可能成功。進了補校沒多久，就開始與三姐交往，阿欣、阿芳、我、三姐都是高職補校的學生。無論八卦山夜遊、KTV拼歌、總是一票同學混在一起，當時的我們都已經是社會人士，補校（補習學校）的就學只是爲了補一下高中文憑。

高一補校的生活一直都是在趕時間與忙碌中度過，下午五點下班後回家洗澡（因爲是工人、沒洗澡的話可能會被趕出教室），並且須要在晚上六點前吃完晚餐並抵達學校。補校的課程每晚只有四堂課，晚上九點半結束（上課時數只有日校的一半不到）。

下課後我常常與同學「阿沙」一起在學校旁邊的超市把妹。聽說超市來了一位漂亮的工讀生，日校的女同學，「阿沙」老是賴在那裡不走，身爲好朋友的我當然就在那邊一起看熱鬧、順便看妹。

補校

有一回同學「志誠」來要我們趕快回家，叫我們回家我們就回家喔，我與「阿沙」互看了對方一眼，決定不理他，繼續把妹。過了一會有幾位同學把鋁棒拖在地上從我們的面前走了過去，我們兩個確定了，我們眞的必須馬上回家。

據說，「阿沙」國中一年級的成績會進入到年級的前二十強（沒有參加補習班），對他而言，一中也不是夢想，國二時遭逢家變，他與他大哥開始須要下田幫忙耕種，升學對他而言、早已不是他的方向。

「志誠」在北部五專念到一半，家變而休學，是轉學到補校來的同學，每次段考都讓我們恨的牙癢癢的，我們似乎永遠都別想拿到第一名，他是很會念書的壞人嗎？這：我也不清楚，實際上我們跟他都不太熟，只知道他五專休學後整個人在性情上有大幅度的轉變。

隨著「阿芳」老爸的工廠結束，我到了大姐的男朋友（大姐夫）的家庭式工廠待了兩個多月後，學校的公告欄出現了新的公告，很出名的「機械廠」招募機械電腦製圖員，由三姐陪我一同前往應徵，被錄取的原因大致如下：機圖科補校生、操作過沖床等等：。

大姐在三舅舅的海產店幫忙到高職補校畢業，阿爸、大姐、三姐與我都是同一間學校的畢業生。大姐補校畢業後到了那個時期十分流行的保齡球館工作，因爲大姐從小學五年級之後就一直住在三舅舅家又或者住在海產店，直到外出求職爲止。

老媽曾因爲擔心大姐在外租屋與工作，帶我去大姐所工作的保齡球館打球。

大姐年輕的時期，外型十分亮麗，身邊不乏追求者。那個時期有個年輕的老闆出現了，一直到球館找大姐，向大姐挑戰保齡球的球技，那是一位十八歲創業，員工三人的家庭式工廠的老闆。

大姐一開始似乎沒輸過，直至那位年輕的老闆苦練幾個月後才開始有贏過大姐，後來大姐開始與年輕的老闆交往。每年一度的清明節掃墓，就是我們五個孩子與老媽相聚的時刻，那幾年、大姐的男朋友總會開車載我們全家去阿爸的墳墓掃墓。

二姐在三舅舅的資助之下，進入私立高中就讀商科，二姐是我們五個小孩之中，唯一一位高中是念日校的。高中畢業後幾乎以全校第一的成績考上了私立二專。

那時商業科的二專錄取率差不多只有十個百分點，幾乎是可以說比現在的國立大學還難考，我跟三姐與小弟發現了我們的可能性。

三姐在我離開了洗衣店之後與洗衣店表姐接替了我在洗衣店燙衣服的工作，像我那麼拼命工作的「工作狂」實在是不多，並且她與她的同學們一起準備著四技二專的聯考。

小弟在國中二年級的時候，開始在住家旁邊的鐵工廠打工，鐵工廠的老闆給了小弟相當好的待遇，每日放學後即去上班，負責包裝與裝箱。他在國三的時候即與同學合資購買了一台摩托車，隨後他也進入高職補校就讀，並持續在鐵工廠工作。

「機械廠」是一間原本與日本技術合作的工廠，當時工廠內部一律以JIS(日本國家標準)為準則。工廠內已經全面轉為電腦製圖。連中文字都不太會寫的我，面對著電腦亦面對著全新的世界。

設計課裡頭的同事除了工讀生以外，都擁有著大專學歷，那一群師父教我開始作筆記，從如何使用電腦打字到如何使用電腦繪圖。師父們一點一滴的教著我。（學徒的老師即稱為師父）

學會了電腦打字的我，腦海裡面又興起了辦同學會的念頭。小學畢業後，我辦了幾次的同學會，平均每兩年舉辦一次，一開始都是小型的聚會，來的同學並不多，通常都只有五到六位同學參加，並且通

機械廠

常會來的同學有：「雅惠」、「桂錦」、「慶和」、「俊宏」、「志明」、「我」，大致上都只有這六位基本成員。

高職二年級了，這次我改用電腦打字並且使用平信寄出，我想可能比較不會寄丟了，以往都是以明信片的方式寄出通知。

我將畢業紀念冊拿了出來，利用午休的時間，將所有同學的名字與住址輸入到電腦裡面，並將同學會的內容書寫在通知函上面、列印。寄出通知函之後，隔了一個禮拜的時間，我開始到洗衣店打起了電話，漸漸的有同學主動的幫我連絡他們還有連繫的同學。

同學會的當日我們約在學校門口，我跟兩位同學去買了差不多三千元的食材，另外請兩位同學開車，幫我載東西。那個年代的幸福，無照駕駛的取締沒有現在那麼的嚴格，也很容易的可以從父母那邊借到車鑰匙。

其中一位小五的時候與我一起騎腳踏車到沙鹿的「佑松」、

完全連絡不上，只有聽說他考上了省中，那年老師讓我們考智力測驗，他跟我坐隔壁（身高體重都跟我一樣的同學），正巧的全班只有他跟我跟他拿到了滿分。

這個說要帶我去鹿港（那天是端午節），結果帶我去了沙鹿的同學，沒連絡上、怎麼可以呢！怎麼辦呢？我後來寫了封信到省中，告訴他同學會的事情，指名給「佑松」同學。

同學會的當天來了差不多接近四十位同學，神奇吧：那時無論好學生或者壞學生，全部都騎了摩托車來，而且不分男女。

「佑松」收到了我的信，他騎了一台九十西西的摩托車來了，我開心的跟他聊了好一會。集結完畢後我們一同出發到了「滑草場」烤肉，大家感情好的不得了，在歡笑之中結束了那一次的同學會。

小時候很會念書的「孟峰」，後來放棄了學業，他認爲工作比較重要，他老爸尊重了他的決定，人生到了最後還是要由自己負責，他在滿十八歲那年（五專三）從中部的知名專校休學。而同學當中最優秀的莫過於就讀於一中的「慶和」，多年後得知他任職於世界一流的半導體設備商。

後來「慶和」考上了淡大機械、「佑松」考上了文化、「雅惠」考上了雄專、「秋萍」保送甄試全國第七考上了「彰師大商教系」選擇離家近，否則她應該可以考上台師大，直接問鼎台灣第一的教育學府、「桂華」考上了「中山中文」，讓我感到意外的是「桂錦」考上了台中商專五專部。而我，則在後頭努力的追趕。

有夢不追、不得勇氣，那一年、我們十八歲。

在進入補校二年級的生活，師父們說我須要去考個基本的繪圖證照，於是我就利用晚上下課後的時間，開始練習手繪的機械製圖。因爲家裡的空間十分的狹小，離開了洗衣店之後，我早就已經搬回家了。我只能把床上的置物櫃當作桌子來練習，練習了約一個月後考過了丙級的製圖證照。

接下來在工作上，師父們持續的教導我各項知識，包含圖學與各項機械設計相關的知識，他們所教我的專業知識，已經超越了四技二專聯考的程度。

快升上高三的時候，原本的女課長因爲結婚，要回去幫忙他先生的工作，向老闆提議是不是可以讓我接她的位置。那時我在電腦繪圖上面的速度，已經可以在一天工作八個小時內，繪製超過十張圖（手繪圖轉電腦繪圖），包含最簡單的螺絲圖（特製螺絲）。

女課長告訴我，她是夜二專畢業的，我是否考慮去念個夜二專？其他的師父則是挑明的講，我如果要持續的在這個行業工作，那麼我一定要去讀書，否則不會有升遷的機會。其實，在師父們給我必須要去念書的意見之前，我並沒有明確的升學計劃，我只努力的工作而已。

女課長離開之後，由其他課長轉調來了一位新的課長，這位新的課長是勤益工專畢業的詹課長。同時間進來了一位國立中正大學的機械所碩士與兩位雲林工專畢業的同事，據說那一位碩士是彰工第一名畢業考取雄專，並以雄專第一名畢業考取台灣技術學院的高手。

那時台灣技術學院每年只招收五十位機械系的二技學生，蔡碩士已順利取得博士學位，目前任教於國立專科學校。

在升學上，對於過往完全不念書的我來說，我根本不懂怎麼念書、不懂怎麼考試，因爲我一直只是一個「工人」。

我只是一個工人

首先我先利用晚上下課後的時間，到書局查詢了歷年機械科

機械廠的我

二專的錄取分數與錄取率，那個時期每年二專機械科的錄取率大約三十個百分點，而最低錄取分數大約三百六十分左右，但是，保送甄試的最低錄取分數比較低一點，只要拿到二百五十分左右就可能可以有學校念。

選定了以保送甄試的方式進入二專的目標，首先我須要先取得保送甄試的資格，而保送甄試的資格是全班前十名並且三年級下學期以前，共五個學期的總成績平均須超過七十五分。

於是我將所有的成績單拿出來計算了一下，前四個學期我的總平均只有達到七十一分，因此補校三年級上學期的平均分數須要超過九十一分，才可以有機會取得保送甄試的資格。

這對當時的我而言是一個非常困難的目標。數學與其他的專業科目對我而言都不是太大的問題，但是英文與國文就讓我非常的頭痛，所以只能拼命的背老師所畫的重點，題目與答案一起背了起來，後來英文與國文都拿到超過八十五分的成績，數學與其他的專業科目，則須要力拼到滿分的水準。

可惜，五個學期的總平均分數只拿到了七十四點九分，老師以四捨五入的方式、大筆一揮幫了我一把，讓我的成績總平均達到了七十五分，以全班第七名的資格參加四技二專的保送甄試。在補校時期，我的成績最高名次只達到全班第三名。

我不是第一、所以加倍努力。

過年前的尾牙，我幸運的抽中了公司的最大獎，二十吋電視機一台，工讀生嘛、我的薪資必定很低，但想起當年尾牙緊張到冒汗的會計小姐的表情，我深信著一件事情，只要我夠努力工作，公司不會虧待我。

緊接著進入到了補校的最後一個學期，辦公室裡面有一位課長結婚後跳槽了。新來了一位台北工專畢業的李課長，李課長進公司後就立刻結婚

補校畢旅（前排左一）

了，在他的婚宴後我們一群同事到了他的住家進行第二次聚會，俗稱鬧洞房。

席間有同事提到了我準備要考二專的事情，想不到李課長剛進公司就知道了我的背景，隨口就說：我借你一筆錢，等你畢業當完兵再慢慢還。

席間，其他的同事立即開始起鬨，知道我家裡連張桌子都沒有的情況下，所以建議我搬去跟詹課長（我的老闆）同租，由於詹課長是由外地來租屋工作的，蔡碩士則說可以免費幫我補習各項科目。

搬進了詹課長所租的宿舍，分擔了一半的租金，開始進行考前的準備。我到了書局，搜尋我所須要的書籍，當然英文與國文太過複雜，我直接放棄了考前的準備，只對國文進行考題的閱讀，其他的專業科目則都進行參考書的選購。

在詹課長的建議之下，某幾個科目要力拼滿分，在排定閱讀時程表的時候，有可能可以拿到高分的科目，須要排長一點的時間、作最好的準備，其他的科目則依照所剩餘的時間進行安排。

開始念書的時候，常常有無法集中注意力的問題。詹課長建議我，像這樣的狀況，就須要站起來運動，開合跳、伏立挺身、交互蹲跳，並且各作二十下爲一個循環。確實，這樣的方法可以讓我快速的集中精神、專心的念書。

每週固定兩個晚上到蔡碩士的租屋處，蔡碩士免費的幫我補習，蔡碩士那時住在他的姐夫家樓上，他姐夫從事放電加工的工作。第一次去他那邊的時候，他順便幫我解說了放電加工機的構造與原理，那時我的程度還很差，其實聽的霧煞煞，也可以說是完全聽不懂（放電加工是二技的考試範圍）。

蔡碩士那時正在準備公職人員的考試，我通常是坐在他的旁邊，跟他一起念書，有問題問他的話，他都可以立即幫我解說。並且他教了我，補校沒有教的微積分，給了我一些足以面對二專考試的水準，這個部分分對我而言十分的重要，念二技時很多科目都須要使用到微積分的基礎概念。

同事們希望我去與詹課長同住的原因，主要是詹課長剛畢業沒幾年，許多考試的科目也都可以直接教我。面臨著白天上班、晚上補校，再加上準備二專的保送甄試，有時念到接近早上五點。

有一次睡到早上接近十一點才到公司上班，當然連老總都知道我那陣子晚上在準備考試，直接填完假單就送了出去，完全沒人在意，工讀生嘛：。連那位每天早上八點零五分與我在公司門口相遇，並問我是否家裡的棉被很溫暖的協理也沒有再多說什麼。

距離考試剩兩個月的時間，師父們建議我可以考慮離職，專心準備考試，因為只剩下兩個月。師父們給了我一個盛大的生日、歡送會。考試前一個半月的時候，我離開了讓我學習、念書的「機械廠」。

師父們除了送給我「加油」二個字以外，會在日商大廠設計隨身聽、雲林工專畢業的學姊，更是教了我一段足以安慰我的話。

孟子曰：

天將降大任於斯人也，
必先苦其心志，
勞其筋骨，
餓其體膚，
空乏其身。

我的師父們堪稱是當代精英，他們算的上是他們那個年代最有學問的一群人。

沒有參加補習班的我，每天早上到文化中心或者圖書館自修，每週固定二個晚上補校下課後，蔡碩士持續免費幫我補習，有一次幫我補習到深夜兩點左右。此時的我已經開始計畫了，考試後要找什麼工作，沒有工作收入的話要如何去念二專？那時的我心裡的概念，無論如何一定要在保送甄試中上榜，否則只能念夜二專，而我的「夢想」亦將離我遠去。

保送甄試的考試前一晚，習慣聽著廣播念書的我，那時老媽在中國工作，而小弟正好也不在家，家裡只有我一個人。廣播節目中正好談論著「心情好分數」的話題，個性羞澀內向的我，鼓起了勇氣撥了電話，以羞澀的語氣告訴了所有聽眾，今晚我的心情分數來到了一百分，請大家幫我加油，我明天要參加四技二專的保送甄試。

考試一結束我立即開始找工作，有兩年電腦繪圖的工作經驗，順利的在工業區找到了工作，是有關於腳踏車零件的設計開發的工作。

隨後在隔月收到了二專保送甄試的成績單，二百九十九點九四的分數（答錯有倒扣），與我的預估分數相當的接近，當下我想起了往年保送甄試的最低錄取分數，大約二百五十分即可有學校可以念，因此塡寫了志願卡之後就等著放榜。

那時候的「研發副總」一直向我們強調著一件事情，沒有憾動市場的產品、沒有永續經營。好的產品必須要有市場獨占性、必須要有專利。

那間公司才剛由手繪圖轉爲電腦繪圖，身爲電腦繪圖高手的我，在那裡稍微可以有發言的機會，偶而可以與副總開會。是一間員工人數三百五十人的公司（包含大陸廠的一百名員工）。

很多同事關心著我能否順利考取日間部的二專。終於到了放榜的日子，我考取了私立工專，是在南部的一間學校。

打工了三個半月的時間，老媽幫我付了學費，我獨自一人帶著打工所賺的錢，買了早上五點多的火車票隻身前往學校報到。

當年三姐從補校畢業時，在二專聯招之中落敗，利用晚上的時間參加補習班，重考了一年，與以補校第一名畢業的「阿欣」同時考上了同一間專科學校（日間部）並同班。

大姐幾年下來努力工作的收入，多數都交給了老媽，所以老媽才得已支付二姐跟三姐的專科學費與住宿費。

三姐考上二專的同一年，大姐嫁給了年輕的老闆，家裡失去了最重要的經濟來源，大姐結婚之前，在市區的KTV當領班，身兼兩班從早上八點工作到晚上十二點，二姐與三姐念大專的學費占大部分都是使用大姐的工作收入支付。

為了補足家裡的經濟來源，老媽在同一年出發前往中國大陸，在深圳的洋娃娃成衣廠擔任顧問一職，指導全廠約五百名大員工。因此家裡只剩下我與弟弟兩個人。

我與我的大學服

下了火車，走出了新市火車站，映入眼裡的是電視裡才看的到的鄉下景色，左手邊有計程車行與芒果樹，旁邊則有一間雜貨店，往前直走大約三百公尺，即可到達學校。

看到了許多跟我一樣新入學的學生，依學校的學長引領，進到了宿舍，是傳統軍校般的宿舍。

早上六點起床，六點半宿舍前集合點名，點名後至學校餐廳用餐，用餐後進教室等升旗典禮，學校規定，上課時間一律不得進入宿舍。

新生的自我介紹當中，發現了同班同學之中，竟然有超過二十張乙級證照（有幾位同學、同時擁有兩張乙級證照）。

工專校門

有世界技能競賽的選手，也有好幾張全國技能競賽的獎牌，其中省賽第三的電焊高手是同學之中第一位坐上保時捷座車的高手。

有因爲重感冒參加考試、才與我們同班的高材生（已取得博士學位），能與這一群同學同班的我眞的是幸福（學校將保送甄試錄取的同學放在同一班）。

晚上回到了宿舍，認識了室友，小柯、阿國、阿傑、阿和。、一百八（六人一間）。因爲我還是缺錢，在學長的詢問下，接任宿舍管理員，負責點名與各類雜事處理，包含秩序的管理，免住宿費、免餐費，每月可支領宿舍管理費，讓我輕鬆了許多。

二專的生活讓我感到十分的幸福，宛如進入到了人間仙境，雖然沒有廣大的校園與美麗的景緻，但是在我心境之中感到十分的美好。

剛到學校、出入都與幾位室友在一起，同一天遇見了好幾次同一群五專剛入學的小學妹，因此又結交了幾位朋友。從工人轉變爲大專生的感覺至今仍無法忘懷。

我們的二專生活，可以說還沒有辦聯誼活動，就已經不須要辦聯誼的活動了，每次出遊都會直接約這一群小學妹。雖然始終沒有能成對的譜出羅曼史，但也讓我們留下很好的回憶。

課業中只爲了取得文憑的我，當然得過且過，並且還不習慣念書的我，其實要跟上其他同學的腳步，一開始眞的很吃力，主要還是在英文的部分。

班上技術保送甄試上來的同學很多，相較於課業上的研讀，

與學妹合影（前排左一）

反而研究作弊的方式才是重點。幾經努力的研究之後，我發現我實在是太驚腳了︵心臟不夠力，而眞正膽量夠的人實在是不多︶，膽小的我怕被抓到，所以只好老老實實的面對，慢慢的提升閱讀能力。

當然專長的科目電腦繪圖，肯定對我而言很容易，考試的時候我還同時幫四五位同學繪圖。他們說：我們這輩子肯定不會自己繪圖，所以我就直接幫他們考試，我們各有專長，合作也許才是我們的必修課。

記得有一門科目，對全班同學來說都是極爲困難的科目，全班竟然只有三位同學拿到超過六十分的成績，而我是其中一個，我拿到了單科第二的成績，後來老師也認爲是題目太難了，於是就「開根號乘以十」處理︵例如三十六等於六乘以十，所以只要三十六分就算及格︶。我仍然不懂怎麼念書，只是我從小就偶然的有時會出現不錯的成績。

其實，師父們眞的有教過。

一直與室友及學妹們遊山玩水的我，似乎忘了我的口袋裡，永遠不會自己生出銀兩，到了學期末的時候，我立即與「機械廠」預約要回去「機械廠」打工，所以寒假一到，我就開始到「機械廠」幫忙做一些製圖與打雜的工作。

過年期間則與小舅舅到高雄擺攤攤，在當時高雄最熱鬧的大統百貨商圈擺攤賣兔子與天竺鼠，攤位上設置有彈珠台，上面寫著「打中紅點兔子一隻」，可以讓觀光客以遊戲的方式取得小兔子與天竺鼠。到了高雄，其實幾個表弟妹整個寒假都在高雄幫小舅舅擺攤，小舅舅那時在高雄同時有六個攤位在賣小兔子。

第一次到大都市的我、嚇了一跳，同時間塞在同一個十字路口一起等紅綠燈過馬路的人數有兩三百人，那是我見過除了東京街頭與拉斯維加斯以外最熱鬧的景象。

有一回聽到了兩個女生聊著大統十樓的魔毯非常的刺激，我的吃飯時間一到，馬上就衝了上去，果然、在十樓頂的魔毯

上往下一看，即是大統百貨周圍的景色，美到了極點、高度也十分的令人膽顫心驚。（魔毯：大統百貨的遊樂設施）

美好的回憶，只能留在我們的腦海裡

到了二專一年級的下學期，原本的室友全數搬出了宿舍，我自然而然的就搬進了宿舍幹部的房間，宿舍有一個特別的規定，九點半打坐、十點熄燈、十一點開始有十分鐘的時間可以上洗手間。

在那時發生了兩件特別的事情。第一件事情，有兩位住宿舍的同學因爲晚歸，利用外牆的階梯與宿舍旁的小倉庫，越過了一樓樓梯的鐵門，從一樓直接爬上了二樓的樓梯間，更直接爬樓上到了五樓，敲著五樓的鐵門。他們以爲五樓的鐵門不會上鎖。嚇死一群同學，我鼓起勇氣將鐵門打開，並將他們兩位交給值班的教官處理，原來是去聯誼，忘了時間。

另一件事情則讓我差點尿褲子，那天晚上十一點一到、我衝進了廁所，拉鏈一拉開的同時，差不多超過了五十位同學同時衝進了廁所，我嚇到尿不出來。

他們正準備開始談判的時候，我不知道那裡來的勇氣，衝到他們的中間大喊：沒有看到我在這裡嗎？你們想幹什麼？

認識我的同學說：沒事啦，我們聊一下而已。幸運的是，當我走出廁所之後，他們就各自回房睡覺去了，聽說其實那一晚我差點被扁，好在同學們都很善良。

從小就喜歡唱歌的我，在一次宿舍幹部的聯誼會中，被學長選中爲宿舍晚會的主持人。

歌聲、是興奮的吶喊

在面對上千人的宿舍晚會上，我站上了晚會的舞台，其實雙腿除了顫抖以外，沒有其他的言語可以形容那樣的感覺。我只好拿著很大張的小抄、照著念，雖然有點像司儀，或許我的聲音還不錯聽，或許遮掩了發抖的聲調，感謝沒有人笑我如此般的懦弱。

終於，我也搬出了宿舍，與以前的室友合租了一整棟的透天厝。我發現我在暑假打工的收入實在不夠，開學後也就開始到加油站打工。

在學校有參加吉他社的社團，但是怎麼練也練不好，或許實在沒有心情可以用心練。開始打工之後就又更少參加社團的活動。

有一回與「阿謹」在民歌比賽中參賽，我跟「阿謹」後來都有點懶，用最簡單的方式完成了比賽，被我的好朋友評審笑了好幾回，說我們實在是太混了，志在參加而不在得獎的我，始終還是那麼的平凡。

一大堆的數字，在加油站打工時，總要計算一大堆數字，當日出油量、當日收入現金金額、當日刷卡金額。事實勝於雄辯，三不五時會算錯的我，肯定很脫線。

但是我在面對客人的時候都十分的積極，從這個油島到另一個油島，我通常都是用跑的，不希望讓客人等太久，人手也不太足夠的狀況下。運氣很好的我，兩個月左右升格爲領班。

我的那一群損友總是叫我「花道聖」。因爲他們認爲我的失戀次數跟「櫻木花道」差不多，也或者我總是抱著吉他，唱著「痛哭的人」，因爲有他們的存在，讓我的年輕時代，多了許多不一樣的回憶。

「瘋狗文」總是結伴去「摘菜」，有一次還跑給農夫追。「小大」則是喜歡從回宿舍的路上順便「摘菜」。「一百八」運球老是過肩，因爲他是「一百八」。飆車手「阿國」，三不五時讓我們體驗腿軟的極整快感，聽說飆車手都很兇，如此種種……。

自 攝 影

破天眞

今年的寒假很特別。洗衣店表姐的建議，我到了我家附近的KTV打工，每天看到形形色色的人，一開始負責包廂的打掃，然後是洗水果、送紙巾、送熱茶、送熱粥、帶客、停車場的交通指揮。

那是一間自助式的KTV，第一天賺了小費四佰塊，生意很好、幾位同事都累的很，同事「小凱」竟然問我說：這樣的小費夠不夠，有人來一天就走了，累死我們了。

其實，我原本就只是爲了薪水而去的，小費是多賺的，那時候其實小費常常比薪水多。老闆本身是台北工專畢業的，他很喜歡顧用念大專的工讀生，同事之間比較單純。

二姐在專科畢業後，進了縣政府當起了臨時僱員，歌聲甜美、外形可愛、秀氣、斯文。二姐的追求者衆多，有開名車而來的，也有高學歷外形英俊的「高富帥」，最終二姐選擇了在省府擔任僱員的二姐夫。

大姐與二姐出嫁時，老媽都選擇在三舅舅的家裡完成了她們的結婚儀式。

三舅舅總是說：就像自己嫁女兒。三舅舅幫大姐、二姐都準備了很體面的嫁妝。二姐結婚後，緊接著就是農曆的春節。

我打工的KTV從除夕夜開始，連續七十二個小時不間斷的客滿，除夕夜老闆給我們每個人一個小紅包。在除夕夜的那一晚，我在通包廂馬桶的時候，通到一個馬桶水直接噴在我的臉上，多賺到老闆的一個紅包，幸運的讓我整個春節小費賺滿滿。

KTV的同事都很棒，有五專生、有師大的學生、也有跟我一樣遠地返鄉過年的學生。愛唱歌的我，三不五時就拿起CALL機直接唱了起來（全部的同事都聽的到），這回已經不是「我的未來不是夢」，而是「走在寒冷下雪的夜空，賣著火柴溫飽⋯⋯」。其實這兩首歌的難度，都超出了我的能力範圍，我總是挑戰著不可能的目標。

那時許多工廠的工人都是週一到週六上班，並且加班。工作壓力與體力的負荷都很大，一到KTV唱歌當然拼命的喝酒，酒喝多了，打架的狀況自然也就多，報警是櫃檯小姐常做的事、熟記派出所的電話號碼是一定要的。

那邊最大的包廂可以容納超過六十人，有些時候、過生日的壽星認識的人多，同包廂的人互相並不認識，單純的插歌都有可能造成同包廂的人分兩派人馬打了起來。

也有相約到包廂內「喬」事情的，有一次客人雙方談不攏，其中一人走出包廂的時候，已經將槍枝上手，走到大廳時使用槍柄敲擊了對方的頭部，當場走火擊發。可憐的櫃檯小姐驚聲尖叫，擊發的位置正巧在櫃檯的旁邊，說時遲那時快、我立刻躲進領枱的後面，連嚇尿褲子的時間都沒有。

眞正的尿褲子傳說來了。又有兩派人馬在包廂內吵了起來，這回沒有在包廂內打起來，從包廂內吵到了KTV的門口，一派人開車、另一派人騎車。

終於，騎車撞了汽車、四五台車的人從車內拿出球棒，雙方開始打了起來，騎車的人躲到了大廳的角落，就在我的身旁，來不及躲的我，只能眼睜睜的看著他被球棒「康：」的一聲擊中額頭，躲到一旁的我眼睜睜的看著他立即倒地，在第二棒要打下去的同時，事主的女孩飛撲的趴在他的身上。開車的那一派人，則立即逃離了現場。

時間來到了我二專畢業前的最後一個學期，我找到了茶藝館服務生的工作，晚上六點到深夜二點，非常典雅、古色古香、時有古箏的演奏，非常棒的一間茶藝館，有著傳統之美。

老闆的好朋友（股東）在中國大陸經商，那是在中國大陸重度開發的時期，整村拆村時，股東發現了古老建築的拆除，將整間古蹟般的建築直接上了貨櫃，運回台灣，在茶藝館上重建。老闆說：這古老的建築有超過兩百年的歷史，對大陸人而言那可能只是垃圾，但對我們而言那已經可以稱的上是歷史文物了。畢業後一直沒有機會再去與老闆閒聊，十多年後，當我在南科出差時，想再次回味當時的心境，但卻再也找不到那間茶藝館。

掌管吧台的是一位對茶葉有相當研究的美麗大姐，她在教我們菜單的時候，她強調著我們有賣各類茶品，凍頂、烏龍、高山、阿里山、普洱通通都有，但是我們不賣咖啡。咖啡香濃郁、茶香清淡，咖啡香會蓋過茶香，並且她教我們如何分辨茶葉的好壞。同時店裡面陳列販售著很多玉石、雕刻與古物。

南科雖然已經預定在那邊附近建廠，但那時仍然距離建廠還有幾年的時間。像那樣子的訂價水準，很難在鄉下地方生存，通常客人都是商辦、聚餐、相親才會去。有一回來了相親活動，男的是國中畢業、女的是高中畢業，但，他們有著相同的興趣就是打麻將。

從南到北，從天聊到地，最終他們決定了下一次的約會，男女主角在那當中一直只有偷瞄著對方，幾乎沒有對話，完全只有媒人在從中媒說，感覺上似乎聊得十分盡興，但其實完全在於媒人婆聊天功力的了得。

客人實在是少的可憐，時常一個晚上來的客人沒有超過員工的人數，我建議老闆找人去夜市及我們學校發傳單，當然要以優惠卷的型式。

可惜發傳單的效果仍然不是很好。在那邊工作了二個月後，因爲其收入足以支撐到畢業，趁著我們小團體的畢旅而結束了在那邊的打工。

曾有大師對我說，我的命比較苦，在正式出社會之前，每一年生日都要請客。那樣的感覺像似，我要去念書的話，我必須要可以完完全全的養活自己。

老闆送我的生日禮物

那一年我請同學唱KTV，同時請幾位很要好的同學到茶藝館吃飯，老闆的爲人眞的很不錯，他與吧台大姐各回送了我一份生日禮物。

「大頭」是我那個時期的室友，是我的愛情顧問，也是我學習抽煙的「指導教授」，那年我們都十九歲，我想去考乙級的證照，可是正巧我拿不出報名費（我在加油站打工的時期），我讓他請我抽了我人生中的第一根煙。我打工下班回到宿舍洗完澡、洗完制服，通常都過深夜三點，但是他通常都還沒有回到宿舍。

縱使「大頭」有時比我早回到宿舍，但他也都是抱著話筒情話綿綿，眞是羨煞旁人，我當兵的時候接到了他撥來的電話，也稍來了他的喜訊。他爲了他的「愛」努力了很久，他與他的愛妻也終於修成正果。

二零一六年的除夕夜，麻將桌上的我，莫名的想哭，走出門外點了一根煙，還是無法理解，爲何突如其來的感傷？

回到了牌桌上，洗衣店的表哥聊起了新聞的話題：台南大地震、大樓倒塌、災情嚴重：。

網友們高喊著：

台灣加油　天佑台灣

當晚，結束了除夕夜的麻將桌、回到了家、打開了電視，眼前所看到的新聞，使我從床上跳了起來，立刻拿起電話撥給南部的同學「阿國」，我落下了眼淚。我的內心世界裡，浮現一段話：「上帝減短他們的苦難，提早接引他們前往天國」。或許是巧合，在那天之後我從未再坐上麻將桌。

畢業典禮，我脫下了制服，換上了我最喜歡的一套衣服，看著大家穿著學士服，因爲英文，我延畢了。

成功嶺的大專集訓，去了三天，肝功能異常，班長要我回家。畢業典禮，我沒能跟上同學的腳步，我只能遙遠的望著。

畢業典禮一結束，大家全閃了。同學「阿傑」開車載我、也載了我的行李，送我回到我家。他跟我一起搬我的行李進到了我家。他摸著頭看著我的家，露出了不可置信的表情，並張大了嘴巴看著我。

我回到了家，選擇了半夜二點下班的KTV服務生的工作。暑修開始的時候，我跳上了半夜三點開往台南的普通號列車，我早上六點半左右到站，吃完早餐，慢慢的走向學校，到了教室，還可以睡一會。

上完課又跳上火車，火車上繼續的睡，睡醒了，下了火車，直接到汽車駕訓班學開車，下了課、睡了一會、又到了上班的時間。

普通號列車

還好一週只有四堂英文課，一週也只要到學校兩回。好幾次在火車上都差點睡過頭，好像總有人會在過站之前叫我起床，讓我可以來的及下車、來的及上課、來的及上班。

暑修結束前的最後一堂課，文質彬彬戴著眼鏡的英文老師，他微笑著對我說：你的英文程度，還真的是糟，算了：快去當兵吧，老師又嘆了一口氣。

取得二專畢業證書的前一刻，原本的二房東前往東部發展，留給了我們一台舊冷氣機和一些他們不要的舊家俱，老媽那時決定將整棟房子租了下來，我跟小弟兩個人開心的很，四處張貼套房與雅房出租的公告，來了表姐的同事跟她的大學生男友、小學老師與念五專的學生。

非常希望我的故事可以只說到這邊！

（其實後面也沒多糟）

租下了整棟房子，老媽也接下了二房東原本手工的工作。

我也正好趁著當兵前想要來去探險一下，換到了卡啦OK店當服務生，那裡面的公關小姐都是大姐級的，同事笑稱：這根本是阿公店，我微笑的回答說：阿公也須要唱歌的，人家是來唱歌的。客人的年齡層高，當然就比較不會有火爆的場面。

有一天「李總」介紹了一位新人同事給我認識，說是要我照顧他一下，我在自己的右側額頭上畫了兩條直線，這是誰照顧誰呀：這傢伙明明有刺青呀：。也是啦！總是要告訴他洗手間在那裡吧，就開始幫他介紹了一下環境，這裡是吧台、那邊是洗手間、毛巾機就在柱子的旁邊：。像那樣子的場所，同事們的流動率十分的高。

老媽常說：那陣子跟我要多少、有多少。其實我真的只是個服務生，而且老媽要的也真的沒多少，可能是依我當時的年紀而論的。那時候「李總」曾經說：因爲我形象好、斯文而且很有禮貌，所以客人願意給我小費。當然我也很節儉，除了打保齡球以外沒什麼其他須要花錢的嗜好。

窮人家的孩子，多半跟窮人家的孩子走在一起。我有一個朋友叫「香腸ㄟ」，認識他的時候他在賣香腸。那次他正好與人賭香腸，他一共輸了十九條香腸，我很意外的問了他，這樣不就輸死了？贏的那位客人還是須要付六七百塊錢的。

賣香腸哲學　輸即是贏

那年買了電腦，也看了「心靈補手」的美國電影，幻想著：這不就是演我的戲嗎？

其實，我希望我的頭腦可以像那個男主角的頭腦那麼的好。

後來老媽手工的工作越作越好，從自己一個人做到了五六個人在幫忙做。老媽的經驗老道，幫她工作的人完全不用繳稅的。

自攝影

追夢

在我當兵的時期老媽的收入逐漸的穩定。我決定追求自已想要的夢想。退伍後我立即前往二技補習班報名並且也到KTV開始正式上班。那個時候整個台灣的景氣下滑、狀況很糟，原先預定只在KTV打工兩個月的我，在KTV一直賺不到小費，可以說是根本賺不到錢了。

在我當兵時期的前後作比較的話，其實眞的差很多，簡直可以說是相隔了兩個世代。或許，因爲一九九九年的九二一大地震，影響了整個台灣的景氣，也或許，是因爲一九九八年實施了週休二日而改變了台灣人的消費習慣。而觀光旅遊可能才是現在台灣人的主要消費項目。

當然有另一種可能性，二千年的股災重挫了全台灣股民的財產，而使得多數的台灣人縮衣節食。其中，受重挫的許多上班族爲了可以彌補股災之中的損失，可能須要兼差第二份工作。自然而然的也就降低休閒娛樂方面的消費預算。

更當然有另一種說法，二千年的台灣的政黨輪替，造成原先準備前來台灣投資的外國企業止步，政黨輪替讓他們認爲台灣的政局不穩定。

據我所知，那個時期有很多美國與日本的企業轉向到東南亞進行投資，而放棄了原本在台灣投資的計劃。多年後的今天雖然可以確定，那是他們錯誤的抉擇，但也已是無法改變的事實。然身爲市井小民的我，只能認爲那可能是台灣民主的代價，我們期待著台灣的政府再造台灣的經濟奇蹟。

我在補習班的課程，週一到週五每個晚上有三個小時的課，週六則是一整天有八個小時的課，有些時候一天有十幾個小時課的課，週日休息。每天中午過後，在我的計劃上應該都在文化中心念書，晚上則搭火車到補習班補習，下課後則到KTV工作，KTV打工的時間是由晚上十二點到早上八點。

但其實這樣子的排程還是比較累一點，在那一段時間，原則上我都沒有去文化中心念書，雖然排定了計劃，但仍然無法達成，尤其在週六的課程，我都是在下班後直接到台中上課，下午下了課回家睡了一下就又繼續上班。

補習班的學習與KTV打工的生活中，我寫了封電子郵件給機務室的余總班長，內容寫著我的現況，只有愉快的心情與快樂無比的生活。然而，隨著這封郵件的發出，卻也讓我回想起自己哭了三天的時候所立下的目標。

我開始給予自己無盡的壓力，我的笑容消失了、笑不出來，我的歌聲也消失了、唱不出口。爲了更加的逼迫自己、也爲了給自己更大的壓力，我到了阿爸的墳前，燒香與燒紙錢，祈求金榜題名。

製造、善用壓力，功力倍增。

那個時候，三姐的好朋友正在準備乙級的美髮證照考試，來到了家裡面，幫我與三姐染了頭髮。染完我的頭髮之後，我面對著鏡子看著我自己，鏡子裡面的我讓我自己笑了起來。眼前的這個人，看起來有點像似螢光幕中的壞蛋，但我將頭髮梳成了西裝頭之後，看起來卻有點像金色頭髮的外國人，其實我還蠻滿意那樣子的髮色，一整個心情變的格外的開朗，也變的更有自信。

春節來臨之前一個月左右的時候，我停止了KTV的工作。補習班的課堂中，我宛如換了個頭腦似的，亦像似夢醒了般的神奇。

因爲頭髮的髮色，讓我像似戴了口罩般的擁有安全感，亦像似擺脫過去的束縛，，讓我自己忘了自己是誰，不再害怕異樣的眼光而可以勇敢的舉手發問。瞬間的成長讓我立刻擠進了補習班中的前段水準，到了讓我自己感到難以想像的地步，我至今仍然對那樣子的進步速度感到意外。

轉換心境、逃脫自我、突破。

有一回，補習班下課後在回家的火車上，我遇見了早上在文化中心遇見的同學。「啟維」是亞東工專畢業的，跟我一樣剛退伍。他說著台灣九二一大地震的時候，他在南投當兵，他們整個連前往重災區支援，每天負責幫忙從倒塌的房子裡面將屍體抬出。他曾經搬過一具身高超過兩百公分的屍體，非常的可怕，經歷了救災的工作之後，他才決定退伍後報考二技，原先他已經計劃了退伍後就直接就業。

早我半年退伍的「啟維」，他早我幾個月到補習班參加補習班的課程，他陸陸續續介紹了幾位一樣剛退伍的補習班同學給我認識。

「彥超」（建國畢業）五專四開始補習，已經聽課第三個循環的他，是補習班中永遠的第一名。「啟彰」（雲林工專畢業）一直與「彥超」搶第一的位子，自始至終似乎沒贏過。「吉豐」（高雄工專畢業）爲人和善，對任何人都溫溫的，幾乎不會有強勢的言語。「世偉」（南亞工專畢業）頭腦聰明，對股市十分有興趣。

下課後我們常一起去夜市吃宵夜，也聊著各自的想法與看法，剛開始大家都很輕鬆，聊著對女孩子們的看法。「彥超」覺得班上一位女同學十分的吸引他，而我則是認爲「馬尾妹」還不錯。

「啟維」則對英文課的「小老師」有興趣，「小老師」是他的英文小老師，應用外語系當中英文成績最好的一位，他們已經到了一起在文化中心念書的進展了。「吉豐」原本就有位交往多年的女朋友，對我們的話題實在不感興趣。

「世偉」說他女朋友一個接著一個，不知道要聊什麼好。「啟彰」說他暫時只對書本感興趣。其實：大家都在準備考試，圍繞著女孩子們的話題，有著放鬆心情的效果。

補習班的其他同學給了我們這一群人一個稱號，他們說我們是「彰化六人幫」，我們這六個人確實也是十分的優秀。

雖然在那當中只有我的程度比較不好，但是一直問老師問題的我，也眞的是十分的受到注目，我的積極度的確很高。

爲什麼是「彰化六人幫」呢？

除了我之外，另外五位同學都在班上的十名內，全班約有二百人。那個補習班的那個班，每年有二十二到三十人會考上台科大，除了我之外另外五人都幾乎鐵定上榜台科大。我的名次比較不穩定，在我開始注意到名次的時候我都只在六十名外，偶爾我晚上回家還須要幫忙老媽的手工包裝。

火車上難免上演著告白的戲碼，我每天跟這五個書呆子在火車上一起念著書，但突然這天，有人在我們的面前演起了「歌仔戲」。女主角是應用外語系的女孩（英文課同班）據說男主角則是電機系的人（不認識也沒見過，同補習班），男主角在女主角上了火車後送上了一束花與一封情書，然後迅速的下了火車，我第一次看見女孩子臉紅的跟紅蘋果差不多。

我們六個書呆子（我已經融入成爲了書呆子）全都無法冷靜了。只好將手上的書本合上，放入各自的書包，女主角的臉則是紅到了下火車。我有個同學的爸爸說這樣的情節叫作「劫數」，果然，考前交男女朋友還眞的多不幸，那女孩後來只考上了全國倒數前三的學校。

緊接著過年期間到了，我回到了KTV又開始打工，口袋裡放著一本高中英文辭典（我終於升上高中了），一有機會就拿出來看，無論在領台、吧台、或者是廚房，連吃飯時間也一直拿出來翻。同事笑我：太假了吧‥，沒有時間，我的時間眞的不夠用。跟優秀的同學混在一起，自然會一直的希望可以與他們有相同的程度。

過年後我們的壓力又更大了點，我生日的時候我請了那幾位同學到KTV唱歌，唱了一個小時左右，他們就先行離開了，念書還是重點。喝了酒的我，點了我人生中第一位師父（洗衣店二表哥）教我唱的歌，在他的面前唱了起來，「老么的故事」、黑色的煤渣白色的霧，阿爸在坑裡不斷的挖，養活我們這一家：唱到了這裡，我的淚水開始不斷的掉了下來（我的內心不斷的吶喊）。我很開心的可以沉醉於追求知識，但內心難過著，我始終須要面對的事情。

在那的前幾天，補校的班長「阿恩」來找我聊天，「阿恩」，南台工專休學（因爲失戀）而來補校的轉學生。聊著聊著，「阿恩」告訴我他的看法，而我也認同了他的看法，我確實沒有錢可以上台北念書。

我是讀不起的「阿聖」

台灣的慶典活動，媽祖婆繞境來到了市區，爲了心境上的轉換，我跟著媽祖婆的神轎進入市中心，突然間抬轎的一位大哥腳軟了，要我幫忙抬一下，那一天我的人生中第一次抬了媽祖婆的鑾轎。

隔幾天，補習班的第一次模擬試驗中，雖然我的成績仍然不理想，但是我的名次卻在預料之外的進入到了補習班的前三十名內，其實早在那之前，我就會有幾次單科的專業科目成績，拿到了補習班的前三名。

幾乎是可以確定了，我那一年可以考上台科大。在距離我的目標已經越來越接近的同時，老媽希望我再去打工。大舅舅跟她借的那一筆錢仍然要不回來，老媽也沒有能力可以讓我去台北念書，如同預期的問題，正式的發生了。我開始產生了許許多多的負面思想，我與六人幫的另五人聊天的時候下意識的說：我沒有機會了……。

「啟維」跟我說：還有時間。另外四人則跟我說：加油。

我不說，眞的沒有人懂。

考前的最後階段，我已經沒有任何心思可以再深入的念下去，心裡一直想著是不是應該要去找工作了，因爲我是讀不起的，讀書並不便宜，沒有人可以幫我的情況之下、我勉強自己開始進行總複習。那時大姐夫生意失敗，負債超過兩千萬，二姐夫二千年股災時，兩個月內賠超過五百萬，也負債了。

我那個時候，感覺到彷彿這個世界給了我這麼的一次求學的機會，亦給了我一個近乎完美的希望，但卻只有短短的幾個月的時間，就宣告終止了我的夢想。。我的內心所承受到的打擊，幾乎接近可以完完全全的將我擊沉。

考試的前一晚，翻來翻去翻了一整晚，整晚沒有辦法睡。隔天的考試來了，整晚沒睡的我，第一節考完我就衝到廁所拉肚子，持續著頭暈的狀態考完了全部的科目，帶著頭昏眼花的狀態，回到家、洗完澡、就倒頭大睡。

隔天醒來，拿出前一日的考題（補習班在考試結束後，立即會發出考題與解答）全部重新寫了一遍，我的成績立刻算了出來大約在四百出頭，如果沒有整晚失眠的話，我的成績會落在四百八十分左右，很多人都可以完整的記得自己所寫的答案，其實我也可以。

不在於無能爲力

老媽在失去了阿爸的狀況下，雖然已事隔多年，但她還是無法向任何人借錢，她認爲她沒有未來的可能性，很可能借了錢而無法償還，也很可能根本借不到錢。

老媽的個性其實是非常的硬，她不會哭著向人借錢、只會賣命的付出勞力工作賺錢。而大舅舅那邊借走的錢，暫時要不回來，那些年大舅舅被倒債數百萬，完全無力償還。

老媽希望我去念夜間部，而爲何我不願意去念夜校？在我試圖擦拭掉過往經歷的心態之下，我極力的希望可以取得與其他人擁有相同的起點，因此，無論如何我一定要念日校，不然就不須要再去學校念書了。

成績公告了、我收到了我的成績單，我的成績四百零二分全國第三百九十八名鐵定進國立，與「馬尾妹」同分，「彥超」全國第四、「啟彰」全國第九、「吉豐」全國第十九，「世偉」

與「啟維」都在全國八十名內，他們五位確定考取台科大。我推算了一下各校的錄取名額，填志願的時候，我直接將我可以考取的校系填在了第一志願的位置。

「啟維」說「吉豐」的運氣實在很好，英文拿到了九十幾分，「吉豐」則說其實很多都是猜中的，他們了解我的心情想安慰我一下。

「啟維」家住在我家附近，小時候外婆帶我去參加進香團的時候遇見過他。遊覽車上的車掌小姐請「啟維」說了個故事給大家聽。「啟維」：大家好，我叫「小維」我今年七歲，他完整的講完了一個故事，接著他奶奶說他們就住在遊覽車經過的這條巷子內。從此我記得那條巷子裡面住著一位「小維」小朋友，並且跟我同年紀。

放榜了，這次真的放榜了，台科大的最低錄取分數：四百七十六分。我確定了我的能力，也確定了與台科大擦身而過。那年瘋掃全台收視率的電視上檔了「流氓教授」，劇中的教授說：大學、大學、好大的一筆學費。

求學是一種高價的消費行爲

看到了這裡，我的心哭了，雖然心有不甘，但至少我也有一間好學校可以念。或許當年深夜一點在孔廟門外等候祭孔的孩子，所祈求的只有學問，而學位與財富似乎眞的沒有那麼的重要。

這回爲了賺學費，考試一結束，我選擇了直接到酒店報到。

我先到一間小小間的酒店當服務生，有公關小姐的一間店。爲什麼呢？當時的我還沒有放棄，我希望可以在開學之前賺到足以讓我度過兩年的

自攝影

費用。

可是呢，事與願違，那家店的生意奇差無比，酒店服務生是沒有薪水的，只有小費。過沒多久，我到了一間大型酒店應徵，已經有很多服務生經驗的我，馬上就被錄取了。

企業化經營的酒店，比我想像的好很多，一切都有正規的制度管理，抽煙有抽煙的地方，半夜十二點有供餐，而且料理還不錯。

廚房師父說：因爲他也要吃的呀：，其實是因爲老闆對福利的部分十分的重視，另外還有員工旅遊。工作時間則是晚上八點到早上六點，工作內容大致上是帶客、介紹消費內容、打掃包廂、泊車等等：，忙的時候還是很累的。

有制度的酒店與外界所想的不太一樣，不一樣的地方在於、一切都有規定，包含公關小姐也是被許許多多的規定所限制著，在我們的工作上也比較有安全上的保障，甚至於比我在自助式

KTV工作時更加的安全。（鄉下地方嘛…）

那邊的少爺與公主（男女服務生）全部加起來超過十二位（包含機房人員與廚師）。原本的服務組長升格爲副理，比較有機會升組長的兩個少爺，某天下班後在大廳打了起來，第三順位的人選，與其中一位公主是男女朋友（他們是同時進酒店工作的）暫時不被考慮，他們認爲我當服務生的經驗也不少，所以我就中選升格爲服務組長。

原則上我只排定泊車與吧台的輪值時間表，其他的部分以大家自由爲原則，另外就是我須要負責每日的小費計算與平均分配。

酒店的工作除了上班時間以外，有時還會有額外的工作必須要義務的幫忙。那回老闆準備要開新分店，有天，須要從倉庫裡面將所有的舊沙發與舊桌椅搬到新的分店。那天我們幾個人到了倉庫的樓下才發現老闆連貨車都沒有準備好，只來了一台三頓半的小貨車，可能須要來回十多趟，我暈了我，跟老闆抗議後老闆改叫了一台十二噸的大貨車來。

我說：這樣才能搬嘛：，他們問說十二噸的貨車是多大台？一般的砂石車是十噸的，十二噸的貨車就比十噸的砂石車大了一點點，大家才點點頭表示了解。

一堆人搬了一下就說累了，也是啦：早上六點下班就一群人在那邊等、累都累死了。我只好一個人搬了起來，那天我們一共搬了兩台十二噸貨車的沙發與桌椅，我一個人就差不多包辦了一車，當天晚上還是須要準時上班的。

同事之間，娛樂場所嘛，半數的少爺與公主都有刺青，但其實大家都很好相處。

與其說是「我的倒楣人生」，到不如說是「我的幸運人生」。

我是最幸運的

這邊值得一提的是一位女孩，有一天他的指導教授來了，她就讀於南部的某私立科大，每日下班後開車上學，那根本不是人過的日子，我還比她好命一點。而且她還患有氣喘，不能喝酒，有一次爲了一萬塊的小費喝了一杯啤酒，氣喘發作被店長從包廂內扛了出來，直接送到醫院。

我們大家才都知道她的背景十分特別，其實包含我在內，在特種行業工作過的人，多數人背景都比較特別一點。據說她後來在某大廠工作。

高職補校的同學「阿沙」，在補校期間與當兵之前他每個月只花用一千塊台幣，存夠了本錢在退伍後自立門戶，開始了自己的工廠，他將他的起點設立在離我家不遠的地方。

興奮著他的努力，身爲好朋友的我，也希望他可以成功的達到他的目標，畢竟我選擇了與他所不同的方向，希望可以互相看到各自的成長以激勵自己。

當時他找來了一位相當有經驗的師父（顧問），那位師父曾經將自己的工廠推到超過三百人員工的規模，但據說只因愛賭而失去了一切，我一直稱他爲「師ㄟ」。

那段期間我什麼都想學，也就時常去找「阿沙」，並向那位「師ㄟ」請益了不少事情，例如我在酒店升組長的事情，我能不能接任的部分，他給了我一個非常簡單的回答，你不是要去念書了嗎？你在酒店的工作不是臨時的嗎？成爲「老闆」的幹部的話，你的二技要念多久才能畢業。

在那個時期，「阿沙」的那位「師ㄟ」彷彿成爲了我的心靈導師。

他也跟我說了一個重點，有資金的人終究成爲了「老闆」、沒有資金而有學問的人一定會成爲「軍師」，而沒有資金也沒有學問的人只能是「工人」。你去學校之後如果繼續研讀，那麼你有可能可以由「工人」轉變成爲「軍師」。

我認爲：他暗指著說，如果我成爲「老闆」的幹部，那麼有一天我可能可以有資金的成爲「老闆」，如果我不願意成爲「老闆」的幹部，那麼我必須要堅持自己的方向，不斷的充實自己的學問而成爲他口中的「軍師」。

「阿沙」的創業與努力過程，我十分的了解，沒有製圖能力的他，從工廠的黑手成功的學習到自身也擁有設計能力。

一開始他買了一台二手的綜合切削中心機，自己修理與改裝直到可以順利的使用，初期的每晚獨自一人工作，到深夜二、三點，過程中必定也經歷了許多的風雨。現在的他，擁有著一定程度與技術能力的工廠。

在這個時期，「阿芳」與交往多年的女友修成正果，他們一同走向紅毯的另一端。我們各自持續的朝向自己的未來前進。

臭鹹魚

正式開學了。貪心的我，選課的時候一定選好選滿，每個學期選到滿為止，包含後來的延畢期間，二技階段我一共修了一百零二個學分。

首先，類神經網路（程式語言資料庫相關）的課程，老師一看學生擠滿了整間教室，開始全面英文教課，一堂課結束剩下三十幾個同學，老師才開始講中文，老師的用意可能是，有心學的同學留下，沒心學的同學請選擇其他課程之類的。剛開始我都可以跟的上進度，無論任何課程。

有一晚房東走進了我們這一個套房區，跟每一間房間的同學說，世界新聞九一一攻擊事件，兩架飛機直接撞上美國世貿的雙子星大樓。我的心裡冒出了「完蛋了」三個字。

爲什麼呢？老媽的手工是外銷美國的一間公司放給她作的，隨著九一一事件，老媽的老闆必須要將手工回收到公司內的產線生產。美國的客戶砍單所造成的，老媽可以說是失業了。

緊接著，我面對的不只有課業上的問題，更面對著經濟上的難題。接著下來的二技生活，我必須要全部自己負擔所有的費用。

學貸以外、書籍費、住宿費、餐費都要自己想辦法，甚至老媽後來還希望我多打工貼補家用。同時面對著攻讀一流學府碩士班的欲念與這樣的經濟壓力，簡直是到了一個無可能性攻頂的狀態。

學校的生活，初期有著「馬尾妹」的陪伴，她考上了跟我同一所學校，到了學校，我們一直互相聯絡著，無論我想要去那裡，我都會約她一起，一起散步、一起吃飯、一起寫信，那時已經開始每個人都有電腦了，但還不太會有宿舍配置網路，每次寫一封信給她我都會附上一首詩。漸漸的「馬尾妹」成爲我的筆友。

為了練習寫字，我從高職補校一年級開始就有交筆友，一開始是在雜誌上刊登交筆友的訊息，同時間就來了很多筆友的信，持續寫信維持到我開始上彰師大的 BBS。BBS 上面我會在我的 PLAN 上面不斷的更新我所寫的詩。

在吃著泡麵的同時，沒有冰箱的情況下，我買的雞蛋腐敗了，完全沒發現的我，一樣吃下了肚。我開始出現了憂鬱症的現象，多年後我才明確的了解到那時爲什麼會有憂鬱症的現象，腐敗的雞蛋導致了胃食道逆流而產生的憂鬱現象。

「阿東」拿了兩瓶啤酒來找我聊天。那天我的心情實在不好，以爲自己憂傷而不知要看腸胃科的我，在沒有吃任何東西的情況下，跟「阿東」喝了起來，胃已經受損的情況下，那晚吐了超過十回。

「阿東」，雲林工專畢業，入伍時簽了三年半，副連長退伍後與我同個補習班，他其實有考上台科大的應用材料系，但最終他選擇了鄉下的學校，正巧就住在我的隔壁。

他看我一天到晚聽著「流浪者的獨白」（極度悲傷的歌曲），所以找我喝酒聊天，其實我那時候已經想休學找工作。沒有出類拔萃登上一流學府的可能性，已經讓我想中止我的學業。家裡房租也快付不出來的情況之下。

出類拔萃、心之所向。

寒假前利用六日的時間，找到了一份寒假的工作。是一間小吃部服務生的工作，店裡面公關小姐年紀也都不小，當然客人的年紀也都不小，不會，有血氣方剛的場面。上班沒幾天店裡面的土地公香爐就發爐了，那是一間新開的店，生意也不太好。

老闆找來了一位算命師，算店運、也幫大家算命，大師給了我一首詩，是非常好的一首詩，同事們也都說是好詩，所以讓我包了個小紅包給算命師。

小吃店的生意慘淡的情況之下我找上了小舅舅，跟他借了他的車也借了他的夜市攤的一套工具，開始了我的夜市人生。

在我很小的時候，小舅舅曾經跟我說過，擺攤子或開店面，不在於商品好壞而重於位置的好壞。人潮之所在、生意之所在。

從入貨到出貨，小兔子與小老鼠是有生命的商品，每天的進貨量必須要估計的很準。春節之前的時期生意最好的時候一天賺進三千大洋，而春節期間生意最好時、一天曾經賺超過六千台幣。

在夜市擺攤的時期，常常我去買晚餐、宵夜、飲料，他們都會給

自攝影

我特別便宜的價格，有些時候甚至會想要直接免費的招待我，這是夜市人的熱情。

其實多數的夜市人背景都不好，否則不會選擇看天吃飯的工作，那是可以說只要一下雨就沒飯吃的工作。使用攤位必須要支付攤位租金，電費與清潔費則須要另外支付，必須要在運氣好的情況下，才可以順利的產生盈餘。

一年級下學期開學後，我與同學們合租了一棟房子，同班的同學總是互相的照顧。持續著夜市的生意的我，週五與週六晚上都到夜市擺攤。

心裡的某種念頭再度逐漸的浮起，一直打工根本沒有時間可以念書，更不會有機會可以眞正的深入研讀與研究，並且老媽在沒了手工的工作之後，開始養起了老鼠（寵物鼠），經由小舅舅轉售給寵物店或寵物攤商。那是個收入十分微薄的行業，仍然不會有足夠的收入可以讓我專心的研讀。

某天晚上，在台中的夜市開攤時，二姐打電話來了，劈頭就問：老媽說你要休學了？後來，有半年多的期間，二姐與三姐每個月都會給我一些接濟，我就暫時結束了夜市的工作。

每個學期的書籍費、每個月的房租、每個月的餐費，加上我打工賺的，完全足夠支付我在學校所須的費用。但問題在於小弟正好當兵中，家裡沒有人可以幫忙老媽的經濟問題，我仍然處於無法專心念書的狀況。

升上二技二年級的暑假開始之前，聽說有朋友剛退伍，在我以前打工的那間酒店工作，我決定去請他幫忙一下，我暑假就又回到那間酒店打工。酒店的人員流動率很高，我的那位朋友則是新任的服務組長。

這回的暑假，原本要開始進行專題的研究，我與其他同學都須要打工，所以拜託了老師，先緩一緩，我們其中只有一位同學獨自開始進行相關的研究，當然：我負責我最專精的機構設計與磁力控制的演算。整個專題到最後只有程式的問題，後來還是拜託老師指導我們解決的。其實那樣的專題難度，與碩士班的研究論文難度已經十分的接近了。

小弟退伍後開始工作，並且大姐在那一年突破保險業務工作的瓶頸成爲了高階保險業務經理人(TOP SALES)，給了老媽一些支援並減輕老媽在經濟上的壓力。老媽前前後後一共給了我差不多五萬元的資助，我不須要再擔憂家裡的房租與我在校的房租問題，並且我減少了我的打工時數，只剩下與同學「阿偉」偶爾一同前往清潔公司的清潔工的工作。

開學後我開始專心念書，選課仍然選到滿。研究所的考試也快到了，一般來說研究所的考試都安排在四月份。不知是否與四月份的天候有關，其實是因爲役男的關係，很多同學都還沒有當兵，校方爲了避免考取了研究所而來不及申請緩徵，而將研究所的考試排在四月份。

準備考自控組的我，考試科目爲工程數學、控制系統、動力學。在那個學期、我主要鑽研這三個科目與我選修的PID控制系統及模糊理論控制系統。PID控制系統主要應用於磁力控制與高精度溫度控制，而模糊理論控制系統主要應用於空調溫度控制與洗衣機馬達轉動控制。對於一心想對控制系統進行研究的我，毫不猶豫的將自己埋入到這兩個科目當中。

我幾乎整個學期將自己關在房裡，除了上課與吃飯時間以外。控制理論的演算法推算不是那麼的難，那兩科在期中考的時候，我犯了幾個不應該犯的低級失誤，被老師生氣的扣了很多分數，否則這兩科應該都可以拿到全班第一的成績。原則上，在我的認知裡頭那些錯誤都是老師可以不扣分的錯誤，可以被老師認爲，我期中考的時候一科拿到了滿分，另外一科則拿到了九十五分的高分。

同學笑說：臭鹹魚

碩士班的考試我報了彰師大與大葉大學，一樣都是控制組。碩士班考試前的寒假，老媽之前給我的五萬元大都還在口袋裡面，整個寒假我都在文化中心準備碩士班的考試。那時候，遇見了國中時期的歷史老師，老師以前曾經說過，畢業後的學生當中，永遠只有壞學生才會跟老師打招呼。

我跟老師說我在科大念書，正在準備考研究所。老師記得我，張大了眼睛看著我，她不相信的問了我，班導師是那一位？未來容不容易找工作之類的問題。好在我念的是自動化工作很容易找。

在我碩士班考試之前，三姐在愛情長跑了十多年之後，嫁給了「阿欣」。

彰師大的考試，在大葉大學的考試之前，所以彰師大的考試我只是爲了練習考試而參加的，完全不會有機會。大葉大學的考試比較有可能可以上榜，我的壞習慣查了前一年大葉大學控制組的最低錄取分數爲三科總合一百零二分。可惜，當年報考大葉的人數突然增加了許多，最低錄取分數往上拉了約五十個百分點，我預料外的落榜了，連備取也沒有。

英文被二當之後（第二次被當），確定延畢的我，在最後一個學期結束之後，回到KTV打工了兩個月。那個時期，很多人都買了伴唱機，KTV的生意大幅度的下滑，服務生的我幾乎完全賺不到小費的情況之下，結束了最後的一個暑假。

因爲英文而延畢的我，來到了最後的一個學期，我租了一間不見天日的雅房（大約只有一坪的大小），月租一千兩百元而且包含水電。

每週只有兩堂課的我，決定再挑戰一下，選課的時候選到了企業管理系的英文課，爲啥說這是一種挑戰呢？商業學系學生的英文程度比我們理工學系學生的英文程度好很多，尤其在技職體系的學生當中，有著更明顯的落差。

延畢期間，我開始找起了打工的工作，我到了兩位家長那邊面試，而其中一位家長決定雇用我，每週兩個晚上去幫他們的兒子上數學課（國中數學），其實跟書僮沒有很大的差別，那個孩子本身自己的程度很好，有時還會被他給考倒了。

優秀的學生總會天馬行空的將老師給考倒，那個學生後來在高中畢業後支身前往中國求學，就讀於廣州中醫大學的中醫系，我相信他已經正式的當上了中醫師。

另外，我自己接了個繪圖的工作，幫一間小工廠繪製汽車零件的圖面。而那一間小工廠的老闆給了我一個意想不到的教育，繪圖也是生意，顧客要的不只是圖面，必須要包含售後服務，與其他周邊的服務。原來接案繪圖也不是那麼容易，不是將圖面繪製完成就可以簡單的收取到費用的。

意外的我在宿舍認識了一位喜歡打羽球的室友，不知如何補充體力的我，常常打羽球到躺在學校的羽球館裡。事隔多年後的我才懂，運動還是須要運動的補給品，例如：巧克力、香蕉、豆漿等等：我有些朋友則是直接的選擇，高單位的營養品。

說也奇怪，延畢中的英文期中考我竟然拿到了八十五分？這完全不像是我呀！原來是班上拿到滿分的同學有超過五位，沒拿到高分的同學反而是成了異類。不過總而言之我竟然不是全班最低分的一位，這個部分眞的也讓我倍感意外。老師說她原本在美國的大學教書，還不太瞭解台灣學生的程度，所以就先試著給出簡單的題目。

原本準備再考研究所的我，一天到晚拿著參考書找「老師」問著問題，有一回「老師」說，我想你不用再繼續準備研究所的考試了，你就直接留在學校念碩士班吧！如果你願意留在學校念碩士班的話，你再來跟老師說一下。

我回到了宿舍，坐在電腦前面，冷靜的思考了一下，自我評定了自己的能力，原本我的目標是台、清、交、成、台科大的碩士班。那已經是根本不可能的目標了，而不是夢想，我住在了一間月租一千二的房間裡面，並且那時碩士班不可以申請助學貸款。

我如果自己考學校的碩士班，也應該可以順利的上榜，那時的我，等同重考了一年的碩士班了，所以當然已經有一定的程度，雖然老師的意思是「保送」。

我回到家跟老媽說了，老師說我可以不用考試，直接留在學校念碩士班。老媽則回答說這位老師人眞好，那個時候老媽完完全全不會有能力可以幫我付學費與住宿費。

雖然碩士班每個月有研究費可以領，但並不足夠讓我完成碩士的學業。

上天對我的眷顧從未間斷，有個好朋友找我聊天。他正好在學校附近鄉鎮的酒店工作，他們店裡面也正好缺人手。

我如果選擇再一次進酒店打工（服務生），那麼我將可以順利的完成學業，也就可以順利的取得碩士學位，但那個時候的我，選擇了放棄原本的碩士夢。

我後來又去找了「老師」，「老師」開口就問，你考慮的怎麼樣？我回答老師說：我決定不念碩士班了，我決定開始找工作。

「老師」給了我最後的指導：

找工作不用害怕自己學歷低，帶著什麼都願意做心態，抱著刻苦耐勞的決心，就一定可以找到工作。

工作怎麼找？我眞的也不太懂，我打了電話給在「面板廠」上班的同學，他馬上給了我一個簡單的答案。他說：登錄人力銀行並投履歷就可以了。

我將履歷投向了全台灣的所有高科技產業的公司（半導體廠、面板廠、光學廠）。

爲什麼呢？

當時政府力推兩兆雙星，其中一兆爲半導體與面板產業。而我也正好處於科技新貴的最末期的年代，許多賺錢的高科技公司都有分紅配股，那樣子的制度可能可以一瞬間讓我還清所有的學貸。

班長「阿成」，有一天突然打電話來，說是班導要求調查每一位同學的近況。

我開始跟他聊了起來：終於快拿到畢業證書的我，就一連串的面試活動。

我一共面試了七間公司後，在畢業前一個月左右的時間拿到了錄取通知，「半導體廠」決定錄取了我。

二技畢業合影（第二排右三）

耀進

「半導體廠」的面試主管說的很白，這裡主要的工具就是螺絲起子，外人看我們是科技新貴，但其實跟做黑手的維修技術人員差不多。我心裡想，可能與我修飛機時所做的工作沒有很大的差別，須要有一些外面學不到的技術知識，但其實工作內容與修摩托車的技師差不多。

爲了準備到「半導體廠」上班，我到新竹租了一間套房，同學的建議、我與二技的同學（小安、小彭）住隔壁，月租六千五包水不包電。

一過完年我就搬到新竹並到「半導體廠」報到，也正式的成爲了名符其實的科技新貴。「半導體廠」一共安排了兩個階段的新人課程。新人課程包含人事課程與製造部的課程。

人事的課程當中，主要說明公司的內部狀況、福利、薪資、公司方針等等…。

而製造部的課程，主要在於工作安全、晶圓價值、與無塵室的工作規定。有些人的身體狀況並不適合無塵室內的工作，進無塵室必須要穿一整套的無塵服（俗稱：太空裝），所以有些朋友一穿無塵服，一進無塵室就會開始頭暈，當然，那樣的現象未必是無塵服所造成的，亦可能是無塵室的負壓狀態所造成的。

「半導體廠」在該階段一共有二個廠，一個八吋晶圓廠與一個十二吋晶圓廠。當時我身處於「半導體廠」的八吋晶圓廠，八吋廠的無塵室等級是class100，也就是每平方英吋的空間內直徑大於0.0005mm的微粒不可超過一百顆。

Class100的無塵室，可以說是最高等級的無塵室，據說那樣子的無塵服一套要價五千台幣，那樣子的晶圓一片價值約二十萬台幣。

管理部所安排的課程完成之後，直接進到了部門報到，我的所屬單位是在於晶圓廠內的四大製程當中的其中一個製程部

（四大製程：黃光、薄膜、擴散、蝕刻）。工作時，經常須要接觸到高危險的氣體、與高溫的零件，須要高知識的工作類型，也是因爲須要有高危險性的認知。

整個工作上的感覺，眞的與我當兵時修飛機的感覺幾乎完全一樣，能分擔前輩的工作，也可以順利的在那邊工作，這是非常現實的一件事情，希望可以在那邊順利的工作的我，自然而然的拼命工作。

單位裡面的前輩開始對我進行基礎訓練、各項保養（簡稱PM）工作的注意事項。單位內技術上的學習最困難的點在於機台的種類十分的繁雜，有各國的機台，以日本與美國的機台最多，也有荷蘭的機台。

部門內有一個傳統，進公司後三個月內的時間，必須要完成所有的基礎訓練，然後開始輪值夜班，分擔前輩的工作。其實在進

半導體廠

公司的初期，我一直在幫忙保養的工作，也指導著新人如何進行保養的工作。

雖然沒有什麼時間可以學習到更深入的技術知識，但是主管認爲我的積極度還不錯，三個月一到就如同傳統的開始輪值夜班。

四班二輪的工作，夜班的值班每個月會有八千元的夜班津貼，那是我在那個時期的目標。（四班二輪：四個班分成早晚各兩班，八點到八點爲十二個小時一班，二十四小時輪班，並且工作兩天休息兩天）

「阿龍」，屏科大畢業的前輩，對我十分的照顧，一有須要助手的時候，總是第一個想到我。在「半導體廠」的時期，我一直跟著他工作，也是因爲危險作業須要伙同作業（伙同作業：二人以上在場才可進行作業）。他是資深工程師，也就是一直教著我的師父。

他總愛說著一句話：這樣有沒有學到？有學到的話，一瓶飲料寫我的名字放冰箱，我要綠茶不要紅茶，紅茶是女人喝的。實在是有夠機車，我都喝紅茶，通常我買紅茶的時候，我都會直接多買一瓶綠茶寫他的名字放冰箱，其實還真的有學到，很多他當時教的技術手法，我都還記得。

在我毫不知情的狀況之下，大姐安排的第一次相親活動來了。在東埔的溫泉區，家族的烤肉泡湯聚會，我們家的五個兄弟姐妹全都到齊了、連姐夫們也都到齊了，當然愛看戲的老媽怎麼可能缺席。我與老媽坐著小弟剛買的新車前往，那個時候大姐已經成為了的高階保險經理人，保險的工作已經讓她認識的人多到不行了。

突然覺得，怎麼附近的人越來越多的同時，我們泡完溫泉、烤完肉正在唱著十元投幣式的卡啦OK的時候，二姐跟三姐咬起了耳朵，二姐說：聽說娶這個女的有兩棟房子的嫁妝，有些時候我的聽力真的是特別的敏銳。

應該不會是說我吧：在我的認知裡面，像這麼好的事情絕對不可能降臨在我的身上，帶著看戲的心裡，就讓我們大家一起看下去。這個時候我大姐竟然帶了一位女孩走了過來，開始幫我們兩個人互相作起了介紹，周圍的人群已經將我團團圍住。原來眞的是我，當時大姐的媒說功力已經到達了絕無冷場的高段水準。

這個時候，救我的電話來了：我趕快接了起來，「阿龍」打來的電話：機台大當了，趕快回來幫忙。我比任何人都更想立刻逃離現場，回到無塵室，偏偏我搭小弟的車，我如果自己搭車回到新竹差不多要六個小時，想不到那通電話完全沒能救到我。那個時期的我，別說結婚，連交女朋友都還是沒有意願。

嘟：嘟：嘟：我的值班手機響了起來。今天心情正好，與我同一天報到，並一天到晚一起打羽球的同期「阿達」，今晚約了兩位空姐要去聯誼，想不到我一介窮工程師也有今天，而且今天中午過後，幾乎沒有機況，實在是太爽了，今天無論任何事情都不可能打擊到我。

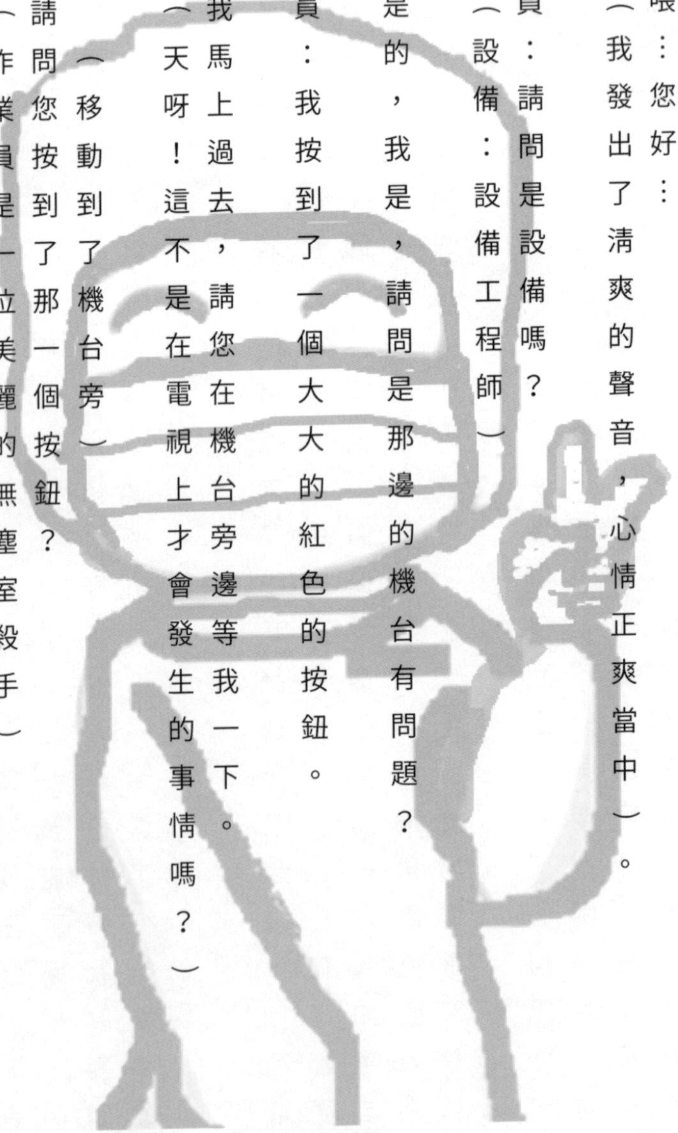

哇哈哈哈……。再爽還是要接個電話，我接起了電話。

我：喂：您好：

（我發出了清爽的聲音，心情正爽當中）。

作業員：請問是設備嗎？

（設備：設備工程師）

我：是的，我是，請問是那邊的機台有問題？

作業員：我按到了一個大大的紅色的按鈕。

我：我馬上過去，請您在機台旁邊等我一下。

（天呀！這不是在電視上才會發生的事情嗎？）

（移動到了機台旁）

我：請問您按到了那一個按鈕？

（作業員是一位美麗的無塵室殺手）

（無塵室殺手：只露出眼睛，眼睛很美）

作業員：是這一顆按鈕，我將它轉了一圈，它就又跳了出來，可是機台停了，操作畫面也消失了。（她指著緊急停止按鈕）

緊急停止按鈕：斷電按鈕、直接斷電，用於立即危險時使用。高度眞空的機台，如果在機台運行的時候直接斷電，則會因壓力差而造成反應室回灌，機台必須降溫並保養後才可恢復生產。

就這樣的結束了與空姐聯誼的美夢。那天，我直到進無塵室第十四個小時，前輩發現我還沒有下班，而我被前輩趕出了無塵室之後才下班。

很多年後我才發現我的行爲是不對的，那麼的拼命會讓同事們感到困擾，我有可能會因爲體力不支而暈倒在無塵室裡面。

「半導體廠」那一年在全世界的記憶體工廠當中，製程的技術能力衝到了世界第一的位置，首次領先全世界。每一台機台只要停機一個小時，公司就少賺二十萬左右（八吋晶圓廠）。

休假期間我只要沒有返鄉，就都一直在新竹的宿舍待命，抱著隨時準備出發到公司加班的心態。

住隔壁的同學「小安」在台積電上班，正準備著多益考試，在車廠工作的同學問了他我的近況，決定找我出遊。從小到大，我一直沒有到過花蓮，那回同學約的花蓮三天兩夜的旅程之中，我思考了很多，同學一直推薦我應該要到汽車廠上班比較好。

三天兩頭的加班，一進無塵室就十二個小時，實在也是有點累，但是馬上就要分紅配股，再多撐個幾個月就會有一筆爲數不低的獎金了。又另一方面如果可以進得了車廠，會有非常好的日文學習環境、我就可以如願的開始學日文，因此而陷入了兩難的局面。

「汽車廠」的面試邀約來了，我穿上了我當初到「半導體廠」面試的那一套衣服與鞋子，當時還沒有買車的我，搭上了新竹往中壢的自強號列車，並轉計程車到了「汽車廠」的門口，換了證、進到了會客室。

想不到同一個時段面試的人也有十來位，先考了英文與專業科目及圖學。英文就不用說了，完全用猜的，專業科目考的還可以、拿到了還不錯的成績，圖學則順利的拿到了滿分，據說，當天圖學只有我拿到滿分。好在人事說，不看英文的成績、英文能力僅供參考，但是，要看大學時期的成績單，我將二技階段的成績單交了出去。

順利的通過了第一階段的書面審查與考試，第一階段大約刷掉了三分之二的求職者。第二階段的面試讓我嚇了一跳，在大會議室裡面進行各別面試，一字排開大約有十來位面試官︵各單位主管︶，我則坐在面試官對面排正中間的位置，品保主管與研發主管一直問我一些問題。

面試結束前，人事問了我兩個問題：第一個問題是，到目前爲止最讓你感到榮耀，而且可與大家分享的事情是那一件事情？我的回答是：當兵的時候曾經獲得大隊主檢第一名，人事問我的第二個問題則是我如果被錄取的話，我比較希望去那一個單位？我則是回答我比較希望去研發部。

三個禮拜後，第三階段的面試邀約通知來了。第三階段的主面試官是「汽車廠」的副總，他看了看我的成績單，搖著頭的開口問了我，成績非常的糟糕，只有兩科的成績還不錯。

在十分緊張的狀況之下我回答了，我在加油站、餐廳打工、擺過夜市也當過家教老師，所以成績不是十分的理想。

其實我的成績還蠻不錯的，必修科目只有英文被當，選修的學分，則是在兩年的期間之內順利的選修完畢，而且有兩科的成績稱的上是十分的突出。大約在一個月後我收

汽車廠

到了「汽車廠」研發中心的錄取通知，職稱是「研發工程師」。

指導過我的主任說，我應該要拿到應得的分紅配股才可以離開「半導體廠」，可是我認爲我已經獲得我應得的年薪，含季獎金、端午節獎金、中秋節獎金、年終獎金、加班費、輪班津貼。

那年公司很賺所以獎金給的很多，對於薪水，我心滿意足。我那一年的收入與那個時代的科技新貴仍然有很大的差距，於是我向三個姐姐們號稱我是：竹科菜頭貴。

爲了追求我的夢想，放棄了一瞬間可以將所有學貸還清的可能性，我開著我新買的小車，搬上了我所有的行李。

在我離開新竹之前、我被兩位住在隔壁的鄰居同學「小彭」與「小安」罵了一頓。我獨自一人將所有的行李搬上了車、「小彭」認爲我太見外了、我應該找他們幫忙搬一下。

我夢、我追、我的夢。

「小彭」總是對我說：能力越大責任越大，他老是對我重複著這一句話，這一句我永遠聽不懂的話，或許他也融入了電影劇中，但我永遠都不認爲自己是「球神」的這種看法。

極度沒有自信的我，很多師長與同學都曾經與「小彭」一樣的鼓勵我。「小安」後來達成了他的夢想，他在美國取得了碩士學位，返台後他任職於世界一流的半導體設備商。

我在同學的宿舍借宿了一晚，隔天帶著文具直接進「汽車廠」報到，同天報到的人數只有五位，但同期的人數竟然超過了三十位，等於是一個班級的人數了。

大型公司嘛，先在百人的會議室上新人訓練的課程兩週，再到現場實習組裝車子兩週，進公司一個月後我才正式到研發中心報到。

在現場實習的時候，必須要可以完完全全跟的上進度才可以，第一週要負責一個工站一半的組裝作業，第二週則須要獨立的負責一個工站全部的組裝作業。

同單位的同期新入社員有台大碩士也有留英的碩士、據說是劍橋畢業的，據我所瞭解，他後來轉任職於澳洲的汽車廠。當然同期當中較年長的同事可能可以負責比較輕鬆的組裝作業，以避免實習當中因作業而造成勞動傷害。

剛到部門報到的我，老闆瞭解我對汽車的基礎概念有所不足，於是就丟給我幾本汽車概念的書，讓我在那邊先做著打雜的工作與念了二個月的書，以及研讀「汽車廠」的所有汽車控制系統理論。

汽車的開發流程十分繁雜，每八年一個車型才會跑完一個循環，每一年一次仕樣變更，每二年一次小改款，每四年一次大改款，每八年才會一次車型變更。

也因爲每八年才會跑完一個循環，車廠的工作步調十分緩慢，也可以說是影響層面廣大，注重各個細節與檢討，須要細心思量與耐心的應對。「汽車廠」也才會有一種特殊的傳聞，進入公司沒有滿八年都只能算是新人。

其實一收到「汽車廠」的錄取通知後，我就立刻拿著季獎金到外文補習班報名學日文。從日文的五十音開始背，怎麼背呢？我選擇了最簡單的方式，直接將整個五十音表背了起來。所以說呢，我先橫著背，背完之後直著背，還是不太熟，後來我就又倒著背。

那時，進公司的新人只要沒有日文檢定三級合格（日文N4檢定合格），一律須要參加公司所排定的夜間日文課，同期的同事除了幾位日文高手以外全都來了，感覺上像是進到了一間新學校，而我們正準備面對全新的課程。原則上，我除了公司的日文課以外，我也同時參加外文補習班的日文課，也就是說我週一到週五每晚都在上日文課。

我第一次認眞的面對外文的學習，雖然我很快的以高分的成績取得了日文三級檢定的合格證書(N4)，但隨之而來的是所謂的撞牆期，聽與說都不太行，聽不太懂也說不太出口的狀況。

我開始每天不斷的看日劇，遇見不懂的單字，我都會立刻查字典、並標註起來，這是我後來學習日文的法寶。

回想起剛到部門報到的時候，台大畢業的部門經理曾經對我說：你必須學習日文，否則你沒有辦法從事這份工作。資深的前輩則是對我說：我們是日本汽車廠在台灣的子公司，現在公司內的日本人主管雖然已經不多了，但是爲了維持公司的傳統，回答請回答嗨（日文的「是」），就這樣的，我到目前爲止，還沒有能夠在回答上改爲「右、是」。

在「汽車廠」的內部裡面，原則上所有的信件都必須要使用日文書寫，否則很可能會永遠收不到回信，很有可能會被認爲是不重要的信件，也很有可能會被認爲是廣告信件，而直接被「無視」的進入到垃圾信件中。

文法錯了、單字錯了：其實也還眞的沒有人在意，當然也有人叫我寫中文以避免誤會產生：。一開始眞的沒有人在意我的日文能力究竟有多麼差，眞的只要能夠讓對方看的懂就可以了，在我努力的學習日文的狀態之下，漸漸的也獲得了同事們的認同。

一開始與日本工程師溝通，我都是先將我要講的話書寫成電子郵件寄給日本的工程師，然後再撥電話，並念一遍電子郵件的內容給日本的工程師聽，如果對方聽不懂，我則會請對方看完電子郵件之後再回覆郵件，漸漸的可以與日本的工程師進行正常的溝通。

同期之中的同事大多都是單身的，聯誼的機會多，一次又一次的聯誼當中，我仍然沒能從單身貴族之中脫離，但也結交了許多位好朋友。經過了一年的無塵室的操勞之後，我的胃又出了狀況，胃食道逆流與十二指腸潰瘍的問題又纏住了我。

同期的「老王」知道我的身體狀況不好的情況下，開始找我一起參加爬山的活動，後來漸漸的爬山也成爲了我的興趣。

同期的同事，多數人都剛畢業沒多久，也都剛開始學日文，很多人也都一起住在宿舍。無論去爬山、唱歌、泡溫泉、或者是去旅遊，通通都在一起。有些時候大伙心情不好就到台北的PUB喝杯酒聊聊心事。有時候同期的同事感冒了，就到陽明山泡溫泉、去去寒。

一年一共有一百二十多天的假期，比公務人員的福利還要來的更好。「汽車廠」有著日本汽車廠傳統的血統，一直照著規定辦事（流程&標準），不會有什麼工作上的差池。

到了暑休的時候，通常都會相約出遊，福利好，很多同事的另一半都是教職員，同樣的可以暑休一同出遊。那一年我們去了墾丁、那一年我們去了阿里山、又另一年我去了東京。

到了墾丁，大伙們才發現自己沒有女伴，也才發現到了該有個伴的時候。我們幾個大男人白天在墾丁社頂公園的草皮上奔跑，晚上則走進了墾丁大街的PUB內，喝了一杯，大伙們也聊了聊各自的心情。有同事已經準備出發前往日本研修，也有同事已經準備前往泰國派駐。各自已經有各自的煩惱，結交女友、結婚生子、外派工作。

到了東京，我才發現我的日文能力實在還是不行，「老王」說：我的日文能力一定可以。其實眞的也不是不行，而是我不希望讓日本人與我對談的時候有很吃力的感覺，持續的精進我的日文能力是絕對必要的。

就在這個時間點，有糖尿病並且開始洗腎的大舅舅終於將那一筆錢還給了老媽。那一筆錢，大舅舅借走了那麼多年，一樣沒有利息，老媽不要利息。可是在阿爸過世的民國七十三年，爲什麼會有那幾十萬的身後財？

曾經有不只一個人跟我說過這件事情，阿爸的那一筆身後財是登報募款而得，雖然事過境遷已不可考。

黃姓代書，民國七十三年八月離世後留下妻子與五名子女，急需社會大衆的慷慨解囊、熱心捐款。

雖然我自始至終，從來沒有親眼見過這篇新聞報導，但是有人認爲那是關於我們全家的新聞報導。我們五個小孩最終有四個取得了大專文憑，大姐成爲了一流的高階保險經理人(TOP SALES)而我獲得了老師的口頭保送碩士班，雖然我最終還是沒有能夠念碩士。

在我們的成長過程當中，我們從來沒有用那一筆錢，但是我相信我們必須要感謝大家的集氣與加油聲。雖然那一筆錢經過了二十多年才眞正的來到了我們家，但衆人的集氣與加油聲，所帶來給予我們的運氣，遠比實質上的金錢更加的有價值。

那天在高速公路上，我獨自一人開著我的小車，我開始不斷聽著「堅持」也唱著「堅持」的這一首歌。經過了台中之後，我的淚水不斷不斷的掉了下來。

經過收費站時我搖下了車窗，收費員收了回數卷後，看著我滿臉的淚水、用著欲言又止的眼神看著我，我跟他說了聲謝謝，繼續前往我的人生旅途，經過了新竹，我終於才能夠停住了我不斷掉下來的淚水。

實際上，我從高職補校畢業之後，二專、當兵、二技、工作、離家至此已經超過了十個年頭。當年在二技的補習班雖然住在家裡，但是也只有短暫的幾個月的時間，我在外地的期間還是比較多。

老媽的電話來了，她希望我返鄉工作，好不容易我找到了那麼好的工作，那通電話確實也是讓我十分的困擾，但是老媽所講的話，總是對我具有非常高的影響力。告別了對我十分照顧的同事與主管。

「車廠」的主管對我相當的好，也對我十分的照顧，他將我的座位安排在他的隔壁，親自指導，亦將多年的工作經驗一一傳授。在我離職的時候，主管說：留下來、去日本研修。

我的內心十分的感激，過去的我不願意與任何人分享我的過去，我的害怕自己與其他人在價值觀與成長背景上的差異。只有極少數的朋友了解我的過去。

人世間最大的樂趣在於：差異。

我回歸到了我的本業，機械設計類的工作，還不太懂立體設計的我，一開始眞的也讓我嘗盡了苦頭、常常每晚練習到半夜，腦袋似乎停止了運轉的我，亦像似沉睡中的頭腦，也像似生了銹的螺絲般的難以轉動。我那種拼命付出勞力的態度倒是活了過來，短時間內又重新的啟動了設計腦的運轉。

搭上了前往中國的班機。要到中國的工廠，必須先飛香港再轉船進蛇口口岸，到達蛇口口岸之後，公司則會派車來接我們到位於深圳的工廠。

離開了「汽車廠」，我來到了一間專門製造相機的「光學廠」，年產量曾經高達二千萬台相機的世界級大廠，有些年亦曾經是「光學廠龍頭」的主要競爭對手。

在台灣，「光學廠」可以說只有研發單位，而我的上班的地方在類似研發中心的一間辦公室，離家近。公司的主要客戶以日本各大品牌爲主，對我而言可以說是非常適合我的工作。

在台灣受訓三個月左右的時間，我立即被指派前往中國的工廠進行量產前的準備。我生平第一次踏上了中國大陸的土地，雖說在小的時候，無論歷史或地理，都告訴著我們，中國在國共內戰之後分割成了兩岸三地的一個國度。（只陳述著以往老師的教導內容，無任何政治意念）

世界上除了台灣的邦交國之外，沒有任何一個聯合國的成員國認爲台灣是一個主權獨立的國家，世界上絕大多數的國家皆認爲台灣只是屬於中國的一個行政體。當然今天我們不談政治，只是陳述著在世界上各個國家的人民對我們台灣的看法。

論述著這一段事實，也只是因爲中國人對我們台灣人的看法。例如：在中國大陸的工廠內部，年紀還很小，可能虛報年齡進入公司，實際年齡可能不到十五歲的小作業員，可能會問在中國工作的我們。你們小台灣爲啥不與我們大中國統一？

我說：饒了我吧，政治這種事情跟我們這種小老百姓是沒有關係的。我更想挑明的說：政治的這種事情，通常都是由有權勢的人士在協調的，有權勢的台灣人不會到中國打工的。

中國在進行了那一場革命之後，爲了加快做任何事情的效率，他們在文字與用詞方面也進行了簡化，姓名上的稱呼也進行了，某種層面的簡化。

工廠裡面從緬甸回來了一位大陸人，他的英文程度自然是十分的了得，有一回他在我們的辦公室門口等我，我們一群台灣人走出辦公室的時候，他開口問了，你的日文幾級呀？我愣了一下，同事叫我不要理他。

同事說他姓「周」，背地裡我稱呼他爲「周生」（周先生），後來他離開了「光學廠」。多年後在中國我又遇見了姓周的一位同事，這回這位「周生」又問了我，你日文幾級呀？這讓我想起了當年的「周生」，他專程來找我聊天的嗎？廠裡頭的大陸人之中，有些人認爲我最「牛」（最厲害的）。

「周生」問我日文幾級的時候，我正準備考日文二級檢定，日文二級檢定是日文系學生的畢業資格證書，對日文愛好者的我來說，那是相當重要的一張證照。

拿到日文三級的合格證書之後，我在外文補習班開始上中高階的日文課，除了日文雜誌以外，也包含著商用日文的課程。而在中國大陸出差的期間，則是利用晚上下班後的時間，拼命的背單字。

那時，每天晚餐用餐後，都有些時間可以運動，我在那個時期，體力的狀況比較好，在我的身體狀況最好的時候一個小時可以背超過一百個日文單字，後來，輕鬆的以高分的成績拿到了日文二級的檢定證書。

就像似老奶奶逛大觀園般的新奇。那時，二舅舅在中國還有一點點工作，老老媽一直叫我到了中國一定要去找他聊一下。二舅舅在中國已經數十年了。

早期二舅舅在台灣的工廠曾經一度突破了三百名員工的規模，但後期被捲入了大舅舅的倒債的風爆，一夕之間，他的工廠幾乎瞬間化爲灰燼，後期二舅舅帶著爲數不多的資金，支身前往中國進行小型的投資。

初次到中國的時候，我在前輩的教育訓練之下，我對中國的認知是：猶如非洲荒野般的可怕。不願獨自前往的我，被二舅舅念了一頓之後，我才鼓起了勇氣，獨自搭上了公車。到二舅舅那邊與二舅舅聊了一會。

第一次在中國那麼偏辟的地方，獨自一人搭上了公車，極度害怕的我，學起了中國人的捲舌音，很長的一段時間之後，我發現了一件事情，中國大陸好像沒有我那一天所模仿的那一種口音，有趣的是，恐怕整個公車上面的人，完全沒有人發現我是台灣人。

中國大陸的土地之大，鄉音種類之多可想而知。許多大陸人可以分辨出台灣人的口音，但是我相信沒有人可以分辨的出來，我那天所講的中文是那個地方的鄉音。

在中國大陸，我們一天到晚都在工廠裡面，有同事下班後晚上可能會去唱歌、吃宵夜等等：。而我呢：拖著一副破身子，通常我只有假日才會出門，週六晚上偶爾才會跟同事去唱歌或者洗腳、吃宵夜。說起吃宵夜，那可是在中國大陸出差的時期才會有如此般的奢華，港式飲茶、龍蝦粥或者是麻辣燙、揚州炒飯、沙縣小吃。

有一個週六的晚上大伙都去打籃球，那天我正好不想去打球，落單的我起身出門吃宵夜，自己一個人也不知道吃什麼好，吃膩了沙縣小吃，來碗麻辣燙好了。走到了賣麻辣燙的攤子、看了看也隨便的點了我要的餐點，本想打包帶走，索性的找了個位子坐了下來。

隨後來了位跟我差不多年紀的女人，跟老闆娘點了最辣的麻辣燙，一開始吃了幾口，就開始流下了淚水。人總會苦一陣子，而不會苦一輩子。那景象迷惘了我的心，好奇的我開始思考著，她究竟是因爲想哭而吃麻辣燙？還是眞的只是吃的太辣而流著眼淚？

在中國大陸，我認爲我自己的背景沒有什麼特別的，很多大陸的人都與我有相同的背景，而在台灣，我總會覺得我的背景十分的特殊。我很多年後的某一天，我再度踏上了中國大陸的土地，我感覺到我好像回到了屬於我的地方。

在台灣我是土生土長的台灣人，在中國他們認爲我像是咬著日本煙、吃著日本拉麵的台灣人，也像似日本人養大的台灣人，從頭到尾與中國大陸似乎毫無關係。

在兩岸三地之間來回的飛行當中，我已經忘了要交個女朋友的這件事情。

大姐安排了第二次相親，又是有錢人家的女兒，對方的父親是一位實業家，十八歲創業、二十歲就以賓士車代步，從事傳統工業的工作，而美麗大方的她，則是大醫院的一位護士，吃完飯後留下了對方的電話。

曾有試著撥過一次電話，從對方的聲音聽來、像似與對方的媽媽聊了一個多小時，家境十分森嚴的感覺。幾個月過去了，對方問了大姐說爲何我不再撥電話？我覺得那樣子的感覺怪怪的。我想有錢人家的女兒可能不太適合我。

人生的伴侶對我而言一直是最難解的課題，我雖然曾經、幸運的遇見過了對我而言是一百分的女孩，但是我最終選擇了平凡而且普通的一位女性。在那的十幾年後，我娶了大姐介紹給我的一位平凡的女孩、結了婚。

在深圳旺年會的那個晚上，我看著舞台上跳舞的孩子，回想起我的過去，莫名的感到哀傷。在當晚返回宿舍的車上，我的淚水又不斷的落了下來。拿到日文二級檢定證書之後，我一直在準備日文一級的檢定（日文教師的資格證書），有可能眞的太累了。

在「光學廠」的時期，我一直希望可以升格爲PM (Project Manager專案經理），因此我一直拼命的研讀日文。其實在業界當中、那種專業的專案經理的職缺相當的少，通常一般的日本線專案經理不須要專業背景，反倒是須要日文系或者留日歸國的畢業生。而對我而言，專業背景的專案經理才更能讓自己擁有價值，並且一流的專業人才一定也都具備外文能力。

員工分紅配股的最末期，我們都曾經賣命的流血、流汗、流淚，只爲了有機會可以表現與展現自己的工作效率與能力，以取得上司的賞識而獲得令自己滿意的配股。我選擇了強化自身的能力上以俱備主管的資格。在那幾年，多數的同事與我相同的拼命，會經有同事就因爲體力不支的在我的身邊暈倒。

或許上市櫃公司的員工分紅配股制度會快速的稀釋股本，但是那樣的制度卻也可以換來公司員工的高度競爭力，相信是相當具有價值的一件事情。少了員工分紅配股的福利，同時亦大幅度的削弱了員工的競爭力，是不是也削弱了台灣企業的競爭力。

曾聽過「你拿我們跟大陸人比較嗎？」的那種聲音，其實台灣人眞的還有贏嗎？我認爲這眞的是值得我們深思。

或許就像是上天給予了我宿命般的指引，我離開了中國大陸，回到了台灣、又開始找工作。這次面試了三間公司，世界一流的電子代工廠、世界一流的半導體設備商、台灣一流的汽車製造廠。

三間公司的職缺，都是須要日文能力與專業並重的條件，電子代工廠須要日文能力與機構設計的能力，世界一流的半導體設備商須要日文能力與半導體設備的概念，台灣一流的車廠則須要日文能力與汽車概念，正好全部都是我所擁有的能力。

老師曾經說：莫非定律，「凡事可能出錯的事，就一定會出錯」，越想得到的東西就越得不到，正所謂事與願違，天不從人願。

穿著西裝皮鞋、打著領帶，交出了二技的成績單與個人履歷。第一次面對全日文的面試，我幸運的拿出了最好的狀況。

面試後我拿到了伍百元的車馬費。想不到面試也有車馬費可以拿，看來我還眞的是鄉下來的。

再一次，我將所有的行李搬上了我當年新買的小車，驅車前往新竹科學園區。

世界一流的半導體設備商

隨 性 筆 記

文 字 具 有 迷 惑 人 心 的 魅 力
數 字 生 硬 無 趣 雖 然 只 有 0 跟 1
（ 影 像 辨 識 基 礎 理 論 只 有 0 跟 1 ）

文 字 讓 我 們 的 生 活 充 滿 趣 味
而 數 字 則 讓 你 我 擁 有 人 性

人 生 的 百 變 則 充 斥 著 文 字 與 數 字
而 人 生 最 有 趣 的 莫 過 於 你 我 的 差 異

這 個 時 候 的 你
是 否 正 享 受 著 音 樂 與 咖 啡

這 個 時 候 的 你
是 否 也 享 受 著 文 字 與 數 字 的 美

文 字 的 生 動 與 數 字 的 理 性
是 否 也 讓 您 感 受 著 世 界 的 文 明 與 科 技

黃 尊 聖 2022 年

感謝文

感謝，我的世界之中只有感謝！

由於疫情的關係，我一共隔離了二十八天。隔離的過程之中，我不斷的回憶過去的種種。我也不斷的懷疑這究竟是眞的還是假的？

今天，我又再度的懷疑了一回，這竟然是眞的。這就是我的人生。

感謝當年免費幫我補習的「詹課長」與「蔡老師」，感謝當年願意課後指導我並意欲保送我進入碩士班的「陳老師」。

感謝願意破格錄用我的主管，雖然你們要的是擁有碩士文憑的人才，但仍然錄取了我。並感謝所有雇用我的雇主。

感謝你們給予我不一樣的人生。

黃尊聖　2022年

辣椒醬

國家圖書館出版品預行編目(CIP)資料

辣椒醬 / 黃尊聖著. -- 初版. -- 彰化市 :
黃尊聖, 民 111.04
面 ; 公分
ISBN 978-957-43-9810-2(平裝)

1.CST: 黃尊聖 2.CST: 臺灣傳記

783.3886 111001875

作 者 / 黃尊聖
排 版 / 黃尊聖
封面攝影設計 / 黃尊聖
出版者 / 黃尊聖
印刷廠 / 漢斯國際印刷有限公司
代理經銷 / 白象文化事業有限公司
地址：401 台中市東區和平街228巷44號
電話：04-22208589
著作完成日期 / 2021年七月
出版日期 / 2022年4月初版

定價 / 360元
ISBN 978-957-43-9810-2 （平裝）